数控机床故障诊断与维护
任务工单

主　编　董海涛　常镭民
副主编　马　臻　崔俊杰　宋　侠　郭海青

北京理工大学出版社
BEIJING INSTITUTE OF TECHNOLOGY PRESS

项目一　数控机床维修基础

任务一　加工中心的机械结构（工作页）

任务描述：

图 1 – 1 – 1 所示为立式加工中心的主要构成，请叙述该加工中心的组成，在实训室找到类似的加工中心并根据说明书填写相关技术参数。

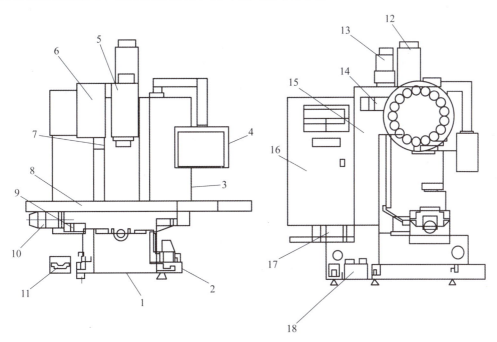

图 1 – 1 – 1　立式加工中心的主要构成

一、应知应会

描述加工中心的布局和基本结构。

二、工作过程

（一）课前准备

为完成该任务，请检验自己是否已掌握以下知识或能力。

（1）加工中心的组成。请写出一个加工中心主要组成部分，并简单描述其在加工中心中的功能，填入表1-1-1中。

表1-1-1　加工中心主要技术参数

组成部分	功能
1	
2	
3	
4	
5	
6	
7	

（2）加工中心的主要技术参数。请填写实训室加工中心的技术参数，填入表1-1-2中。

表1-1-2　加工中心主要技术参数

机床型号				
项目	主要内容	单位	技术规格	备注
行程	X	mm		
	Y	mm		
	Z	mm		
	主轴端面至工作台面距离	mm		
	工作台中心至立柱导轨面距离	mm		
工作台	工作台面积（宽×长）	mm^2		
	工作台承重	kg		
	T形槽槽宽	mm		
主轴	主轴转速范围	r/min		
	主轴孔锥孔	—		
	主轴电动机功率	kW		
	主轴组			
	主轴轴承	—		
运动装置	$X/Y/Z$轴快速移动	m/min		
	$X/Y/Z$轴切削进给	mm/min		
精度	$X/Y/Z$定位精度	mm		
	$X/Y/Z$重复定位精度	mm		

项目	主要内容	单位	技术规格	备注
刀库	刀具容量	把		
	刀具最大长度	mm		
	刀具最大直径	mm		
	刀具最大重量	kg		
	刀柄	—		
	换刀时间	s		
机床动力	压缩空气压力	MPa		
	压缩空气消耗	L/min		
	电源容量	kV·A		
其他	数控系统			
	外形尺寸（长×宽×高）	mm×mm×mm		
	机床重量	kg		

（3）分析。根据加工中心主传动系统典型结构，分析其工作原理。

（二）计划

1. 小组分工（表 1-1-3）

表 1-1-3　小组分工

班级			日期	
小组名称			组长	
岗位分工				
成员				

2. 计划讨论

小组成员共同讨论工作计划，列出实训室现有加工中心的功能部件，填入表 1-1-4 中。

表 1-1-4　加工中心的功能部件

序号	部件名称	功能	备注
1			
2			

3

序号	部件名称	功能	备注
3			
4			
5			
6			
7			
8			
9			
10			

（三）实施

1. 项目实施

模仿教师操作加工中心，并观看加工中心显示屏。

2. 成果分享

每个小组将实施结果上传到线上教学平台，由 3~5 个小组分别展示和讲解加工中心的结构。

3. 问题反思

（1）实施过程中，出现了行程超限，出现报警的情况，你认为是何种原因？

（2）实施过程中，主轴转速设置过高，会出现什么报警？

三、评价

小组成员各自完成"自我评价"，组长完成"小组评价"，教师完成"教师评价"（表 1-1-5）。整理实训设备，做好 6S 管理工作。

表 1-1-5　任务评价表

序号	评价内容	自我评价	小组评价	教师评价	分值分配
1	遵守安全操作规范				5
2	态度端正，工作认真				5

序号	评价内容	自我评价	小组评价	教师评价	分值分配
3	能提前进行课前学习，完成项目信息相关练习				20
4	能熟练、多渠道地查找参考资料				5
5	能正确地操作立式加工中心，并对各部件描述其功能				20
6	方案优化，选型合理				5
7	能正确回答指导教师的问题				15
8	能在规定的时间内完成任务				10
9	能与他人团结协作				5
10	做好 6S 管理工作				10
合计					100
总分					

评分说明：

①评分项目 3 为"课前准备"部分评分分值。

②总分 = "自我评价"×20% + "小组评价"×20% + "教师评价"×60% + 拓展项目。

③如有拓展项目，每完成一个拓展项目，总分加 10 分。

四、总结反思

（1）学到的新知识点。

（2）掌握的新技能。

（3）你对自己在本任务中的表现是否满意？写出课后反思。

任务二　加工中心的电气连接（工作页）

任务描述：

了解实训室现有加工中心的系统配置，对照其电气原理图、电气接线图，能够对加工中心的硬件进行正确连接。

一、应知应会

正确连接加工中心的硬件电路。

二、工作过程

（一）课前准备

为完成该任务，请检验自己是否已掌握以下知识或能力。

1. 加工中心的硬件配置

请写出一个实训室加工中心硬件配置，并简单描述其功能，填写表 1 - 2 - 1。

表 1 - 2 - 1　加工中心硬件配置

序号	硬件名称	规格	功能
1	CNC		
2	放大器		
3	电动机		
4	显示器		
5	电源模块		

2. 控制端口的功能

对实训室现有加工中心进行观察，找出哪些是具有伺服主轴控制的系统，哪些是具有模拟主轴控制功能的系统，并对各控制端口的作用进行说明，填写表 1 - 2 - 2、表 1 - 2 - 3。

表 1 - 2 - 2　主轴控制系统规格

类型	规格
系统型号	
伺服主轴系统规格	
模拟主轴系统规格	

6

表 1 - 2 - 3　控制器端口的作用

各控制器端口名称	控制端口作用

3. I/O 单元模块的输入/输出

对实训室现有加工中心进行观察，找出有哪几类 I/O 单元模块，并对各 I/O 单元模块的输入/输出点数进行说明，填写表 1 - 2 - 4。

表 1 - 2 - 4　I/O 单元模块

系统型号	实训设备规格
I/O 单元模块规格	
I/O 单元模块名称	输入/输出点数

（二）计划

1. 小组分工（表 1 - 2 - 5）

表 1 - 2 - 5　小组分工

班级			日期	
小组名称			组长	
岗位分工				
成员				

2. 计划讨论

小组成员共同讨论工作计划，列出实训室加工中心的硬件功能及接口定义，填写表 1 - 2 - 6。

表 1-2-6　加工中心的硬件功能及接口定义

序号	硬件名称	功能	备注（接口定义）
1			
2			
3			
4			
5			
6			
7			
8			
9			
10			

（三）实施

1. 项目实施

模仿教师删除加工中心的某一硬件，操作加工中心，并观看加工中心显示屏。

2. 成果分享

每个小组将实施结果上传到线上教学平台，由 3~5 个小组分别展示和讲解加工中心硬件功能及接口定义。

3. 问题反思

（1）实施过程中，假如不接 I/O 单元模块，会出现什么情况？你认为是何种原因？

（2）实施过程中，如果电动机之间互换，会出现什么情况？

三、评价

小组成员各自完成"自我评价"，组长完成"小组评价"，教师完成"教师评价"（表 1-2-7）。整理实训设备，做好 6S 管理工作。

表 1-2-7　任务评价表

序号	评价内容	自我评价	小组评价	教师评价	分值分配
1	遵守安全操作规范				5
2	态度端正，工作认真				5
3	能提前进行课前学习，完成项目信息相关练习				20
4	能熟练、多渠道地查找参考资料				5
5	能正确地连接立式加工中心硬件，并对硬件端口描述其功能				20
6	方案优化，选型合理				5
7	能正确回答指导教师的问题				15
8	能在规定的时间内完成任务				10
9	能与他人团结协作				5
10	做好 6S 管理工作				10
	合计				100
	总分				

评分说明：

①评分项目 3 为"课前准备"部分评分分值。

②总分 = "自我评价" ×20% + "小组评价" ×20% + "教师评价" ×60% +拓展项目。

③如有拓展项目，每完成一个拓展项目，总分加 10 分。

四、总结反思

（1）学到的新知识点。

（2）掌握的新技能。

（3）你对自己在本任务中的表现是否满意？写出课后反思。

任务三　数控机床装配与调整（工作页）

任务描述：

根据实训室现有的数控机床，叙述机床整机装配、装配完成如何进行精度检测。

一、应知应会

描述机床装配与调整方法。

二、工作过程

（一）课前准备

为完成该任务，请检验自己是否已掌握以下知识或能力。

1. 床身和 Y 轴导轨装配与调整

请写出实训室现有加工中心的床身安装与调整的步骤，填入表 1 − 3 − 1 中。

表 1 − 3 − 1　加工中心的床身安装与调整的步骤

步骤	内容
1	
2	
3	
4	
5	
6	
7	

请写出实训室现有加工中心的 Y 轴支承座装配与调整的步骤，填入表 1 − 3 − 2 中。

表 1 − 3 − 2　加工中心的 Y 轴导轨安装与调整的步骤

步骤	内容
1	
2	
3	
4	
5	
6	
7	
8	

2. Y 轴传动部件及托板装配调整

请填写 Y 轴支承座装配与调整的步骤，填入表 1 − 3 − 3 中。

表 1 − 3 − 3　加工中心的 Y 轴支承座装配与调整的步骤

步骤	内容
1	
2	
3	
4	
5	
6	
7	
8	

请填写托板装配与调整的步骤，填入表 1 − 3 − 4 中。

表 1 − 3 − 4　托板装配与调整的步骤

步骤	内容
1	
2	
3	
4	
5	
6	

请填写 Y 轴丝杠装配与调整的步骤，填入表 1 − 3 − 5 中。

表 1 − 3 − 5　Y 轴丝杠装配与调整的步骤

步骤	内容
1	
2	
3	
4	
5	
6	
7	
8	

3. X 轴传动部件及工作台装配调整

请描述 X 轴传动部件及工作台装配调整的方法。

4. 立柱及 Z 轴传动部件装配调整

立柱安装在床身上,它是机床垂直运动部件的支承。立式数控镗铣床的立柱用来安装 Z 轴进给传动部件,实现主轴箱的上下运动,请描述立柱及 Z 轴传动部件的装配调整方法。

(二) 计划

1. 小组分工 (表 1-3-6)

表 1-3-6 小组分工

班级			日期	
小组名称			组长	
岗位分工				
成员				

2. 计划讨论

小组成员共同讨论工作计划,将数控镗铣床的整机精度测试与验收的主要检查内容、测量方法、一般允差要求填入表 1-3-7 中。

表 1-3-7 整机精度测试与验收

项目	检查内容	测量方法	一般允差/mm
G0			
G1			
G2			
G3			
G4			
G5			
G6			

项目	检查内容	测量方法	一般允差/mm
G7			
G8			
G9			
G10			
G11			
G12			
G13			
G14			

（三）实施

1. 项目实施

模仿教师进行数控机床整机精度检测。

2. 成果分享

每个小组将实施结果上传到线上教学平台，由 3~5 个小组分别展示对实训室现有的机床精度进行的精度检测。

3. 问题反思

（1）实施过程中，千分表与百分表怎么使用？

（2）实施过程中，数控机床的整机安装步骤、调整有哪些技巧？

三、评价

小组成员各自完成"自我评价"，组长完成"小组评价"，教师完成"教师评价"（表 1-3-8）。整理实训设备，做好 6S 管理工作。

表 1-3-8　任务评价表

序号	评价内容	自我评价	小组评价	教师评价	分值分配
1	遵守安全操作规范				5
2	态度端正，工作认真				5

序号	评价内容	自我评价	小组评价	教师评价	分值分配
3	能提前进行课前学习，完成项目信息相关练习				20
4	能熟练、多渠道地查找参考资料				5
5	能正确地装配调整部件，并对数控机床整机进行检测				20
6	方案优化，选型合理				5
7	能正确回答指导教师的问题				15
8	能在规定的时间内完成任务				10
9	能与他人团结协作				5
10	做好 6S 管理工作				10
	合计				100
	总分				

评分说明：

①评分项目 3 为"课前准备"部分评分分值。

②总分 = "自我评价" ×20% + "小组评价" ×20% + "教师评价" ×60% + 拓展项目。

③如有拓展项目，每完成一个拓展项目，总分加 10 分。

四、总结反思

（1）学到的新知识点。

（2）掌握的新技能。

（3）你对自己在本任务中的表现是否满意？写出课后反思。

项目二　数控系统参数设置

任务一　数控系统数据备份与恢复（工作页）

任务描述：

按"PROG"→"目录"→"操作"→"存储卡"键，显示当前存储器文件列表和说明，如图2-1-1所示，对应文件含义见表2-1-1。现需要根据数据类型和文件格式，选择合适的操作方法将数据载入数控装置。

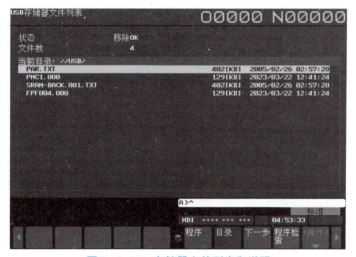

图2-1-1　存储器文件列表和说明

表2-1-1　恢复文件列表

序号	文件名	文件类型	文件格式
1	PMC1.000	PLC 程序文件	存储卡格式
2	FPF004.000	FP 页面软件	存储卡格式
3	SRAM_BAK.001	SRAM 数据备份	文件包
4	PAR	参数文件	文本

一、应知应会

掌握文本文件的备份与恢复方法。

二、工作过程

(一) 课前准备

为完成该任务，请检验自己是否已掌握以下知识或能力。

1. 数控系统数据备份和恢复

请写出数据备份和恢复的应用场景，填入表 2 – 1 – 2。

表 2 – 1 – 2　数据备份和恢复的应用场景

序号	应用场景
1	
2	
3	
4	
5	
6	
7	
8	

2. PLC 数据的备份与恢复

请填写 PLC 数据的备份与恢复操作步骤，填入表 2 – 1 – 3。

表 2 – 1 – 3　PLC 数据的备份与恢复操作步骤

步骤	操作步骤
1	
2	
3	
4	
5	
6	
7	
8	

（二）计划

1. 小组分工（表2-1-4）

表2-1-4 小组分工

班级		日期	
小组名称		组长	
岗位分工			
成员			

2. 计划讨论

小组成员共同讨论工作计划，列出实训室现有数控系统的数据备份与恢复，填入表2-1-5。

表2-1-5 数控系统的数据备份与恢复

序号	数控系统类型	加工程序的备份与恢复步骤	备注
1			
2			
3			

（三）实施

1. 项目实施

模仿教师对FANUC系统的参数、加工程序和PLC程序进行备份和恢复，并观看操作步骤。

2. 成果分享

每个小组将实施结果上传到线上教学平台，由3~5个小组分别展示将FANUC系统的参数、加工程序和PLC程序进行备份和恢复。

3. 问题反思

（1）在维修场景中，什么时候会使用到备份数据？会使用哪种备份数据？

（2）文本的备份数据在维修现场中会有哪些应用场景？

三、评价

小组成员各自完成"自我评价"，组长完成"小组评价"，教师完成"教师评价"（表2-1-6）。整理实训设备，做好6S管理工作。

表 2 - 1 - 6　任务评价

序号	评价内容	自我评价	小组评价	教师评价	分值分配
1	遵守安全操作规范				5
2	态度端正，工作认真				5
3	能提前进行课前学习，完成项目信息相关练习				20
4	能熟练、多渠道地查找参考资料				5
5	能正确地进行数控系统数据备份与恢复				20
6	利用现有的工具，完成任务				5
7	能正确回答指导教师的问题				15
8	能在规定的时间内完成任务				10
9	能与他人团结协作				5
10	做好6S管理工作				10
	合计				100
	总分				

评分说明：

①评分项目3为"课前准备"部分评分分值。

②总分 = "自我评价"×20% + "小组评价"×20% + "教师评价"×60% + 拓展项目。

③如有拓展项目，每完成一个拓展项目，总分加10分。

四、总结反思

（1）学到的新知识点。

（2）掌握的新技能。

（3）你对自己在本任务中的表现是否满意？写出课后反思。

任务二　系统的基本参数设定（工作页）

任务描述：

某企业为实现加工零件的种类或复杂度的增加，对厂区现有立式加工中心（配备 FANUC 0i - MF 数控系统）进行升级改造，需加装第 4 轴转台。已知电动机和旋转轴（转台）之间的减速比为 90 : 1，检测单位 1°/1 000 需要进行相关第 4 轴系统基本参数设定。设定过程中观察参数设定带来的显示变化，并进行模拟运行，检验参数设定是否正确，配合程序运行和监控信息体现。

一、应知应会

正确设定和修改数控系统的基本参数。

二、工作过程

（一）课前准备

为完成该任务，请检验自己是否已掌握以下知识或能力。

（1）配置第 4 轴，将控制轴的轴数参数设定填入表 2 - 2 - 1 中。

表 2 - 2 - 1　控制轴的轴数参数设定

设定项	参数号	设定值
控制轴数		

（2）完成第 4 轴系统基本参数设定，填入表 2 - 2 - 2 中。

表 2 - 2 - 2　第 4 轴系统基本参数设定

设定项	参数号	设定值	备注
设定轴归属路径			
设定轴名称			
设定轴属性			
旋转轴转动一周的移动量			
伺服环增益			
将无挡块参考点设定为有效			
设定旋转轴			
将旋转轴的循环功能设为有效			
每个轴的到位宽度			

设定项	参数号	设定值	备注
每个轴在移动中的位置偏差极限			
每个轴在停止时的位置偏差极限			

（3）设定第 4 轴相关的速度参数，填入表 2 - 2 - 3 中。

表 2 - 2 - 3　第 4 轴相关的速度参数设定

设定项目	参数号	设定值
快速移动速度		
轴快移倍率 F0 速度		
各轴 JOG 运行速度		
各轴手动快移速度		

（4）消除所有数控系统报警，进行模拟运行。请在表 2 - 2 - 4 中填写模拟运行参数。

表 2 - 2 - 4　模拟运行参数设定

设定项	参数号	设定值	备注
通电后没有执行一次参考点返回的状态下，通过自动运行指定了 G28 以外的移动指令时不报警			
各轴的伺服轴号			

（二）计划

1. 小组分工（表 2 - 2 - 5）

表 2 - 2 - 5　小组分工

班级		日期	
小组名称		组长	
岗位分工			
成员			

2. 计划讨论

小组成员共同讨论工作计划，列出所了解到的参数号及其代表的功能，填入表 2 - 2 - 6 中。

20

表 2 - 2 - 6　参数号及其代表的功能

序号	参数号	功能	备注
1			
2			
3			
4			
5			
6			
7			
8			
9			
10			

（三）实施

1. 项目实施

通过操作履历记录修改刀具偏移值，以及 X8.4 信号的变化。

2. 成果分享

每个小组将实施结果上传到线上教学平台，由 3～5 个小组分别展示和讲解操作视频。

3. 问题反思

（1）实施过程中，是否所有相关的机床操作的操作履历都可以记录？若不是，哪些相关操作不能记录？

（2）JOG 进给速度设定值如果大于 G00 的设定值和手动快速设定值时，执行手动 100% 移动速度时，其速度为多少？

三、评价

小组成员各自完成"自我评价"，组长完成"小组评价"，教师完成"教师评价"（表 2 - 2 - 7）。整理实训设备，做好 6S 管理工作。

表 2－2－7　任务评价

序号	评价内容	自我评价	小组评价	教师评价	分值分配
1	遵守安全操作规范				5
2	态度端正，工作认真				5
3	能提前进行课前学习，完成项目信息相关练习				20
4	能熟练、多渠道地查找参考资料				5
5	能正确修改、设定主轴、进给轴参数				20
6	能查询资料，解决问题				5
7	能正确回答指导教师的问题				15
8	能在规定的时间内完成任务				10
9	能与他人团结协作				5
10	做好 6S 管理工作				10
	合计				100
	总分				

评分说明：

①评分项目 3 为"课前准备"部分评分分值。

②总分 ＝ "自我评价"×20% ＋ "小组评价"×20% ＋ "教师评价"×60% ＋ 拓展项目。

③如有拓展项目，每完成一个拓展项目，总分加 10 分。

四、总结反思

（1）学到的新知识点。

（2）掌握的新技能。

（3）你对自己在本任务中的表现是否满意？写出课后反思。

任务三 系统伺服参数设定（工作页）

任务描述：

通过学习伺服参数初始化方法，了解伺服初始化相关参数的含义，根据实训室现有的数控系统，叙述伺服参数初始化的设定步骤。

一、应知应会

伺服参数初始化的设定。

二、工作过程

（一）课前准备

为完成该任务，请检验自己是否已掌握以下知识或能力。

串行编码器故障，拔下机床上的电动机编码器反馈线，让数控系统产生报警。进入伺服监控页面，观察报警 1~5 对应位变化。结合本任务所学知识，查找故障。

请写出查找故障的步骤。

（二）计划

1. 小组分工（表2-3-1）

表2-3-1 小组分工

班级		日期	
小组名称		组长	
岗位分工			
成员			

2. 计划讨论

小组成员共同讨论工作计划，运行程序"G00 X100；X0；M99；"，进入监控页面，检索电动机负荷、速度、转速、跟随误差状态，修改位置环增益数值，观察位置误差的变化，并调试合适的位置环增益。请写出查找故障的步骤。

（三）实施

1. 项目实施

模仿教师完成伺服电动机的参数初始化任务。

2. 成果分享

每个小组将实施结果上传到线上教学平台，由3~5个小组分别展示对实训室现有的数控系统伺服电动机的参数初始化任务。

3. 问题反思

（1）实施过程中，怎么查看维修说明书？

（2）实施过程中，观察哪些信息能够确认电动机在振动。

三、评价

小组成员各自完成"自我评价"，组长完成"小组评价"，教师完成"教师评价"（表2-3-2）。整理实训设备，做好6S管理工作。

表2-3-2　任务评价

序号	评价内容	自我评价	小组评价	教师评价	分值分配
1	遵守安全操作规范				5
2	态度端正，工作认真				5
3	能提前进行课前学习，完成项目信息相关练习				20
4	能熟练、多渠道地查找参考资料				5
5	能正确地装配调整部件，并对数控机床整机进行检测				20
6	方案优化，选型合理				5
7	能正确回答指导老师的问题				15
8	能在规定的时间内完成任务				10
9	能与他人团结协作				5
10	做好6S管理工作				10
	合计				100
	总分				

评分说明：

①评分项目3为"课前准备"部分评分分值。

②总分 = "自我评价" ×20% + "小组评价" ×20% + "教师评价" ×60% + 拓展项目。

③如有拓展项目，每完成一个拓展项目，总分加10分。

四、总结反思

（1）学到的新知识点。

（2）掌握的新技能。

（3）你对自己在本任务中的表现是否满意？写出课后反思。

项目三　PMC 故障诊断与维修

任务一　PMC 基本指令编辑（工作页）

任务描述：

通过 PMC 基本指令编辑任务的学习，了解 PMC 内置编程器的开启与操作步骤，熟悉 PMC 程序基本指令、编辑方法和应用。

一、应知应会

学生能看懂数控机床常用 PMC 程序，能够分析信号之间的逻辑关系。

二、工作过程

（一）课前准备

为完成该任务，请检验自己是否已掌握以下知识或能力。

（1）将 PMC MNT 切换到信号界面并显示 X 地址，当操作机床操作面板工作模式按钮时，相应 X 地址状态会发生变化（0 或 1），以此查找工作模式的相关地址，并填写表 3 – 1 – 1。

表 3 – 1 – 1　查找工作模式的相关地址

工作模式按钮	MEM （自动）	EDIT （编辑）	MDI （手动输入）	REF （手动回参）	JOG （手动进给）	HAND （手轮进给）
对应 X 地址						

（2）查找实训室数控系统 PMC 程序使用了哪些定时器及计数器，设定值是多少？将查询结果填入表 3 – 1 – 2。

表 3 – 1 – 2　定时器/计数器设定值

序号	定时器号	设定值	计数器号	设定值
1				
2				
3				
4				
5				

（二）计划

1. 小组分工（表3-1-3）

表3-1-3 小组分工

班级			日期	
小组名称			组长	
岗位分工				
成员				

2. 计划讨论

小组成员共同讨论工作计划，列出每一位成员的工作内容。

（三）实施

1. 项目实施

模仿教师的操作方法，按照步骤实施。

2. 成果分享

每个小组将实施结果上传到线上教学平台，由3~5个小组分别展示和讲解。

3. 问题反思

（1）熟悉数控机床不同类型面板硬件PMC程序的逻辑关系及程序编制方法。

（2）熟悉数控机床典型功能模块，如斗笠刀库、盘式刀库的PMC程序逻辑关系及编程思路。

三、评价

小组成员各自完成"自我评价"，组长完成"小组评价"，教师完成"教师评价"（表3-1-4）。整理实训设备，做好6S管理工作。

表3-1-4 任务评价表

序号	评价内容	自我评价	小组评价	教师评价	分值分配
1	遵守安全操作规范				5
2	态度端正，工作认真				5

序号	评价内容	自我评价	小组评价	教师评价	分值分配
3	能提前进行课前学习，完成项目信息相关练习				20
4	能熟练、多渠道地查找参考资料				5
5	能正确地按操作步骤完成操作				20
6	方案优化，选型合理				5
7	能正确回答指导教师的问题				15
8	能在规定的时间内完成任务				10
9	能与他人团结协作				5
10	做好 6S 管理工作				10
合计					100
总分					

评分说明：

①评分项目 3 为"课前准备"部分评分分值。

②总分 = "自我评价"×20% + "小组评价"×20% + "教师评价"×60% + 拓展项目。

③如有拓展项目，每完成一个拓展项目，总分加 10 分。

四、总结反思

（1）学到的新知识点。

（2）掌握的新技能。

（3）你对自己在本任务中的表现是否满意？写出课后反思。

任务二　I/O Link 地址连接与应用（工作页）

任务描述：

掌握数控机床用 PMC 接口信号定义及地址分配。

一、应知应会

通过数控机床用 PMC DI/DO 接口信号定义及地址分配实训，学生应具备以下能力：

（1）认识 PMC 信号的类型、作用与范围。

（2）熟练使用 PMC 信号地址表。

（3）正确分配 I/O 模块地址。

二、工作过程

（一）课前准备

为完成该任务，请检验自己是否已掌握以下知识或能力。

（1）列出实训室 FANUC 0i – MD 数控系统的高速处理信号清单，填入表 3 – 2 – 1。

表 3 – 2 – 1　FANUC 0i – MD 数控系统的高速处理信号

序号	名称	符号	地址
1	跳转信号		
2	急停信号		
3	第 1 轴参考点返回减速信号		
4	第 2 轴参考点返回减速信号		
5	第 3 轴参考点返回减速信号		
6	第 4 轴参考点返回减速信号		
7	第 5 轴参考点返回减速信号		
8	X 轴测量位置到达信号		
9	Z 轴测量位置到达信号		
10	刀具补偿测量值直线输入功能 B（ + X 方向信号）		
11	刀具补偿测量值直线输入功能 B（ + Z 方向信号）		

（2）列出 FANUC 数控系统信号种类，并说明各种信号作用，填入表 3 – 2 – 2。

表 3 – 2 – 2　FANUC 数控系统信号种类和作用

序号	符号	信号名称	信号作用
1	X		
2	Y		
3	F		
4	G		
5	R		
6	E		
7	A		
8	T		
9	C		
10	K		
11	D		
12	L		
13	P		

（二）计划

1. 小组分工（表 3 – 2 – 3）

表 3 – 2 – 3　小组分工

班级		日期	
小组名称		组长	
岗位分工			
成员			

2. 计划讨论

小组成员共同讨论工作计划，列出每一位成员的工作内容。

（三）实施

1. 项目实施

模仿教师的操作方法，按照步骤实施。

2. 成果分享

每个小组将实施结果上传到线上教学平台，由 2~3 个小组分别展示和讲解。

3. 问题反思

(1) 如果数控系统有 2 个 I/O 模块，写出第 2 个 I/O 模块地址分配步骤，并配置图形加以说明。

(2) 如果数控系统配置 2 个手轮，如何进行第 2 个手轮地址的分配及参数设定？

三、评价

小组成员各自完成"自我评价"，组长完成"小组评价"，教师完成"教师评价"（表 3 – 2 – 4）。整理实训设备，做好 6S 管理工作。

表 3 – 2 – 4　任务评价表

序号	评价内容	自我评价	小组评价	教师评价	分值分配
1	遵守安全操作规范				5
2	态度端正，工作认真				5
3	能提前进行课前学习，完成项目信息相关练习				20
4	能熟练、多渠道地查找参考资料				5
5	能正确地按操作步骤完成操作				20
6	方案优化，选型合理				5
7	能正确回答指导教师的问题				15
8	能在规定的时间内完成任务				10
9	能与他人团结协作				5
10	做好 6S 管理工作				10
	合计				100
	总分				

评分说明：

①评分项目 3 为"课前准备"部分评分分值。

②总分 = "自我评价" ×20% + "小组评价" ×20% + "教师评价" ×60% + 拓展项目。

③如有拓展项目，每完成一个拓展项目，总分加 10 分。

四、总结反思

（1）学到的新知识点。

（2）掌握的新技能。

（3）你对自己在本任务中的表现是否满意？写出课后反思。

任务三 PMC报警的故障处理（工作页）

任务描述：

掌握数控机床PMC梯形图的读图、编制方法。

一、应知应会

通过PMC梯形图的读与写流程及格式实训，学生应具备以下能力：

（1）掌握PMC梯形图的读写流程。

（2）掌握PMC梯形图的基本格式。

（3）学会PMC控制信号的地址分配、信号命名和信号注释。

（4）熟练使用PMC图形符号并掌握PMC梯形图的编制规范。

二、工作过程

（一）课前准备

为完成该任务，请检验自己是否已掌握以下知识或能力。

查找实训室数控设备输入、输出信号地址表（表3-3-1）。

表3-3-1 数控设备输入、输出信号地址表

序号	信号类型与名称		X地址	Y地址
1	按钮式	循环启动		
2		进给保持		
3	手动操作 （按钮式）	+X		
4		-X		
5		+Y		
6		-Y		
7		+Z		
8		-Z		
9	模式选择 （旋钮式）	编辑		
10		自动		
11		手动输入		
12		DNC		
13		手轮		
14		JOG		
15		步进		
16		回零		

序号	信号类型与名称		X 地址	Y 地址
17	主轴（按钮式）	正转		
18		反转		
19		停止		
20		定向		
21	快速倍率（按钮式）	F0		
22		25		
23		50		
24		100		
25	辅助功能	单节执行		
26		空运行		
27		程序重启		
28		选择停		
29		F1		
30		F2		
31		F3		
32		F4		
33		机床锁住		
34		选择跳过		
35		排屑正转		
36		排屑反转		
37		润滑		
38		自动断电		
39		照明		
40		冷却		
41		刀库正转		
42		刀库手动		
43		刀库反转		
44		吹屑		

序号	信号类型与名称		X 地址	Y 地址
45	主轴修调倍率（旋转式）	50		
46		60		
47		70		
48		80		
49		90		
50		100		
51		110		
52		120		
53	进给倍率及进给修调（%）（旋钮式）	0		
54		10		
55		20		
56		30		
57		40		
58		50		
59		60		
60		70		
61		80		
62		90		
63		100		
64		110		
65		120		
66		130		
67		140		
68		150		
69	急停			
70	原点指示	X		
71		Y		
72		Z		

（二）计划

1. 小组分工（表3-3-2）

表3-3-2 小组分工

班级			日期	
小组名称			组长	
岗位分工				
成员				

2. 计划讨论

小组成员共同讨论工作计划，列出每一位成员的工作内容。

（三）实施

1. 项目实施

模仿教师的操作方法，按照步骤实施。

2. 成果分享

每个小组将实施结果上传到线上教学平台，由3~5个小组分别展示和讲解。

3. 问题反思

（1）外部报警信息与操作信息有什么区别？

（2）探讨PMC多语言信息显示功能的实施途径，能够根据用户指定语言显示外部报警信息内容，增加页面的友好性。

三、评价

小组成员各自完成"自我评价"，组长完成"小组评价"，教师完成"教师评价"（表3-3-3）。整理实训设备，做好6S管理工作。

表3-3-3 任务评价表

序号	评价内容	自我评价	小组评价	教师评价	分值分配
1	遵守安全操作规范				5
2	态度端正，工作认真				5

序号	评价内容	自我评价	小组评价	教师评价	分值分配
3	能提前进行课前学习，完成项目信息相关练习				20
4	能熟练、多渠道地查找参考资料				5
5	能正确地按操作步骤完成操作				20
6	方案优化，选型合理				5
7	能正确回答指导教师的问题				15
8	能在规定的时间内完成任务				10
9	能与他人团结协作				5
10	做好 6S 管理工作				10
	合计				100
	总分				

评分说明：

①评分项目 3 为"课前准备"部分评分分值。

②总分 = "自我评价"×20% + "小组评价"×20% + "教师评价"×60% + 拓展项目。

③如有拓展项目，每完成一个拓展项目，总分加 10 分。

四、总结反思

（1）学到的新知识点。

（2）掌握的新技能。

（3）你对自己在本任务中的表现是否满意？写出课后反思。

任务四 PMC 的监控（工作页）

任务描述：

通过 PMC 监控任务的学习，熟悉 PMC 梯形图，学习通过数控系统梯形图页面、LAD‐DER Ⅲ软件在线监控页面进行状态监控的方法，能够通过 PMC 梯形图监控分析关联信号之间的逻辑关系。

一、应知应会

通过使用 FANUC LADDER Ⅲ软件在线/离线编辑、调试及传送 PMC 程序，学生应具备以下能力：能够对 PMC 梯形图进行现场监控；能够通过 FANUC LADDER Ⅲ软件对梯形图进行在线监控；能够借助监控分析关联信号之间的逻辑关系。

二、工作过程

（一）课前准备

为完成该任务，请检验自己是否已掌握以下知识或能力。

（1）在 FANUC LADDER Ⅲ软件上新建一个 PMC 程序，程序保存在桌面上，文件名为"1"。

（2）利用 FANUC LADDER Ⅲ软件打开一个 PMC 程序，按照表 3‐4‐1 所列任务要求完成对程序的操作。

表 3‐4‐1　程序的任务要求及操作步骤

序号	任务要求	操作步骤
1	编辑程序标题	
2	重新设定系统参数	
3	编辑符号名称及编辑注释	
4	编辑 I/O 模块地址	
5	编辑报警信息	
6	编辑梯形图	

（二）计划

1. 小组分工（表 3‐4‐2）

表 3‐4‐2　小组分工

班级		日期	
小组名称		组长	
岗位分工			
成员			

2. 计划讨论

小组成员共同讨论工作计划，列出每一位成员的工作内容。

（三）实施

1. 项目实施

模仿教师的操作方法，按照步骤实施。

2. 成果分享

每个小组将实施结果上传到线上教学平台，由 2~3 个小组分别展示和讲解。

3. 问题反思

（1）同一个信号在梯形图中会出现在多个地方，如何搜索出这些信号？

（2）如何搜索、监控、分析关联信号的逻辑关系？

三、评价

小组成员各自完成"自我评价"，组长完成"小组评价"，教师完成"教师评价"（表 3 - 4 - 3）。整理实训设备，做好 6S 管理工作。

表 3 - 4 - 3　任务评价表

序号	评价内容	自我评价	小组评价	教师评价	分值分配
1	遵守安全操作规范				5
2	态度端正，工作认真				5
3	能提前进行课前学习，完成项目信息相关练习				20
4	能熟练、多渠道地查找参考资料				5
5	能正确地按操作步骤完成操作				20
6	方案优化，选型合理				5
7	能正确回答指导教师的问题				15
8	能在规定的时间内完成任务				10
9	能与他人团结协作				5

序号	评价内容	自我评价	小组评价	教师评价	分值分配
10	做好 6S 管理工作				10
	合计				100
	总分				

评分说明：

①评分项目 3 为"课前准备"部分评分分值。

②总分 = "自我评价"×20% + "小组评价"×20% + "教师评价"×60% + 拓展项目。

③如有拓展项目，每完成一个拓展项目，总分加 10 分。

四、总结反思

（1）学到的新知识点。

（2）掌握的新技能。

（3）你对自己在本任务中的表现是否满意？写出课后反思。

项目四　数控机床故障诊断与维修

任务一　电源单元故障诊断与维修（工作页）

任务描述：

某加工中心采用 0i－MF 数控系统，配置 αi－B 系列放大器，数控系统上电后，显示"5V433 变频器 DC LINK 电压低""SP9051 DC LINK 电压低"报警，查看电源单元数码管显示为"4"，分析故障原因并对故障进行排查。

一、应知应会

数控系统显示 SV433、SP9051 报警及电源单元数码管显示为"4"的报警，根据前面分析可以确定电源单元故障原因是主电路电源切断。

二、工作过程

（一）课前准备

为完成该任务，请检验自己是否已掌握以下知识或能力。

1. 加工中心的硬件配置

根据数控机床伺服主电源电气原理图绘制的接线图，将电路图中主要元器件名称、规格及作用填入表 4－1－1。

表 4－1－1　电气元器件名称、规格及作用

序号	元器件名称	元器件规格	元器件作用
1	QF1		
2	QF2		
3	QF3		
4	TM1		
5	KM1		
6	L		
7	KA1		
8	GS1		

2. 故障排查

分两种情况进行排查：交流接触器 KM1 吸合时和没有吸合时。

（1）交流接触器 KM1 吸合时电气线路检查。如果交流接触器 KM1 吸合，说明 CX3（MCC）控制回路没有问题，故障出现在伺服主电源电路，在系统上电的情况下，使用万用表交流电压挡，电压挡位值范围大于 AC 380 V，采用分段检查的方式进行检查。

（2）交流接触器 KM1 没有吸合时电气线路检查。如果交流接触器 KM1 没有吸合，应该先检查 CX3（MCC）控制回路。使用万用表交流电压挡，若电压挡位值范围大于 AC 200 V，则采用分段检查的方式。

（二）计划

1. 小组分工（表 4 – 1 – 2）

表 4 – 1 – 2　小组分工

班级		日期	
小组名称		组长	
岗位分工			
成员			

2. 计划讨论

小组成员共同讨论工作计划，列出每一位成员的工作内容。

（三）实施

1. 项目实施

模仿教师电源单元故障排除的方法，按照故障排查的步骤实施。

2. 成果分享

每个小组将实施结果上传到线上教学平台，由 2~3 个小组分别展示和讲解。

3. 问题反思

（1）在数控系统上电前及上电后，使用万用表对线路进行检查的注意事项有什么不同？

（2）如果经检查，故障是交流接触器的线圈被击穿所致，那么更换接触器有哪些注意事项？

三、评价

小组成员各自完成"自我评价",组长完成"小组评价",教师完成"教师评价"
(表4-1-3)。整理实训设备,做好6S管理工作。

表4-1-3　任务评价表

序号	评价内容	自我评价	小组评价	教师评价	分值分配
1	遵守安全操作规范				5
2	态度端正,工作认真				5
3	能提前进行课前学习,完成项目信息相关练习				20
4	能熟练、多渠道地查找参考资料				5
5	能正确地按操作步骤完成操作				20
6	方案优化,选型合理				5
7	能正确回答指导教师的问题				15
8	能在规定的时间内完成任务				10
9	能与他人团结协作				5
10	做好6S管理工作				10
	合计				100
	总分				

评分说明:
①评分项目3为"课前准备"部分评分分值。
②总分 = "自我评价"×20% + "小组评价"×20% + "教师评价"×60% + 拓展项目。
③如有拓展项目,每完成一个拓展项目,总分加10分。

四、总结反思

(1)学到的新知识点。

(2)掌握的新技能。

(3)你对自己在本任务中的表现是否满意?写出课后反思。

任务二　伺服驱动装置故障诊断与维修（工作页）

任务描述：

某加工中心采用 Oi – MF 数控系统，使用的是 αi 伺服驱动器，开机后系统显示 SV601 "散热器风扇停转" 和 SV1067 FSSB "设定错误" 报警。

一、应知应会

数控系统显示 SV601 "散热器风扇停转" 和 SV1067 FSSB "设定错误" 报警时，故障排查的步骤。

二、工作过程

（一）课前准备

为完成该任务，请检验自己是否已掌握以下知识或能力。

1. SV601 "散热器风扇停转" 故障排除的步骤

步骤 1：确认报警为 X/Y 双轴伺服驱动器冷却风扇故障报警。

步骤 2：确认该风扇在旋转，判断故障为回路问题，故障点为 "风扇检查" 和 "驱动器检查" 回路。

步骤 3：更换散热器冷却风扇，故障报警依然存在，确定应该为驱动器问题。

步骤 4：更换驱动器后故障排除，再次确认更换下来的风扇好坏，发现故障依旧。

步骤 5：检查故障风扇，发现故障风扇有一个插针插接位置缩后，该插针为风扇检测线。恢复其正常位置后测试，故障排除。

步骤 6：同理，确认更换伺服驱动器对应的接口也存在同样的接触问题。调整后故障排除。

2. SV1067 FSSB "设定错误" 报警排除的步骤

步骤 1：检查伺服驱动器数码管，发现 Z 轴驱动器数码管不亮，确定为电源故障引起的通信报警。

步骤 2：前级伺服驱动器 CXA2A 线缆，输出 24 V 电压正常。

步骤 3：确认该伺服驱动器侧板熔断器正常。

步骤 4：拆卸该轴驱动器所有的外部电缆，仅保留 CXA2A – CXA2B 电源电缆，LED 指示灯点亮，确认短路来自外围。

步骤 5：依次接插外部电缆，确认短路来自编码器反馈，排查编码器反馈电缆和编码器。

步骤 6：更换 Z 轴编码器，故障排除。

（二）计划

1. 小组分工（表4-2-1）

表4-2-1　小组分工

班级			日期	
小组名称			组长	
岗位分工				
成员				

2. 计划讨论

小组成员共同讨论工作计划，列出每一位成员的工作内容。

（三）实施

1. 项目实施

模仿教师排除SV601故障和SV1067报警的方法，按照故障排查的步骤实施。

2. 成果分享

每个小组将实施结果上传到线上教学平台，由2~3个小组分别展示和讲解。

3. 问题反思

（1）伺服驱动器在伺服变流技术中的作用是什么？

（2）全闭环控制下，更换伺服电动机编码器后，需要重新测量并调整参考点的位置吗？

三、评价

小组成员各自完成"自我评价"，组长完成"小组评价"，教师完成"教师评价"（表4-2-2）。整理实训设备，做好6S管理工作。

表4-2-2　任务评价表

序号	评价内容	自我评价	小组评价	教师评价	分值分配
1	遵守安全操作规范				5
2	态度端正，工作认真				5

序号	评价内容	自我评价	小组评价	教师评价	分值分配
3	能提前进行课前学习，完成项目信息相关练习				20
4	能熟练、多渠道地查找参考资料				5
5	能正确地按操作步骤完成操作				20
6	方案优化，选型合理				5
7	能正确回答指导教师的问题				15
8	能在规定的时间内完成任务				10
9	能与他人团结协作				5
10	做好 6S 管理工作				10
	合计				100
	总分				

评分说明：

①评分项目 3 为"课前准备"部分评分分值。

②总分 = "自我评价"×20% + "小组评价"×20% + "教师评价"×60% + 拓展项目。

③如有拓展项目，每完成一个拓展项目，总分加 10 分。

四、总结反思

（1）学到的新知识点。

（2）掌握的新技能。

（3）你对自己在本任务中的表现是否满意？写出课后反思。

任务三　主轴驱动装置故障诊断与维修（工作页）

任务描述：

一台加工中心主轴在空载中速运行中噪声很大，低速和高速时噪声较小。未曾有维修人员修改过参数，故障也是刚发生。检查参数未出现噪声和出现噪声时是一致的；执行主轴旋转指令，转速高于中速，切断电源，主轴惯性旋转，噪声仍然存在。

一、应知应会

数控机床主轴驱动器控制回路的电源故障，判断并排查主轴单元外部报警故障。

二、工作过程

（一）课前准备

为完成该任务，请检验自己是否已掌握以下知识或能力。

主轴电动机的更换步骤如下。

步骤1：将主轴电动机及带轮拆除，用吊绳将主轴电动机吊装，拆除动力线及反馈线，拆除主轴电动机上的4个螺钉，同时松开连接板上的4个内六角螺栓。移动连接板，使带松开，将电动机吊下。

步骤2：拆下主轴电动机后，将带轮拆除，安装到新的主轴电动机上。在将带轮安装到主轴电动机上后，调整带轮槽的振摆，使其在20 μm以下（可用手转动电动机，打表测量）。调整完成后，可根据现场条件做动平衡测试。

步骤3：安装主轴电动机。将做完动平衡的主轴电动机及带轮用吊绳吊装在主轴箱上。将带套入主轴端和主轴电动机端的带轮上，主轴电动机螺钉锁紧（注意清理电动机接合面）。

步骤4：调整带张紧力。将六角头螺栓（M10×55）安装到调整块上，用2个螺钉（M8×30）将调整块安装到主轴箱上，调整六角头螺栓（M10×55），推动电动机逐渐后移，用音波张力仪调节带张紧力到311.8～343.0 N。调节完成后，锁紧电动机连接板上的4个螺栓，拆卸吊具。

（二）计划

1. 小组分工（表4-3-1）

表4-3-1　小组分工

班级		日期	
小组名称		组长	
岗位分工			
成员			

2. 计划讨论

小组成员共同讨论工作计划，列出每一位成员的工作内容。

（三）实施

1. 项目实施

模仿教师更换主轴电动机的方法，按照步骤实施。

2. 成果分享

每个小组将实施结果上传到线上教学平台，由 2~3 个小组分别展示和讲解。

3. 问题反思

（1）主轴参数初始化时，是否可以未断开数控装置电源而重新上电？原因是什么？

（2）什么情况下用主轴电动机的内部传感器做位置反馈？什么情况下用主轴端的位置编码器做位置反馈？

三、评价

小组成员各自完成"自我评价"，组长完成"小组评价"，教师完成"教师评价"（表 4-3-2）。整理实训设备，做好 6S 管理工作。

表 4-3-2　任务评价表

序号	评价内容	自我评价	小组评价	教师评价	分值分配
1	遵守安全操作规范				5
2	态度端正，工作认真				5
3	能提前进行课前学习，完成项目信息相关练习				20
4	能熟练、多渠道地查找参考资料				5
5	能正确地按操作步骤完成操作				20
6	方案优化，选型合理				5
7	能正确回答指导教师的问题				15
8	能在规定的时间内完成任务				10
9	能与他人团结协作				5

序号	评价内容	自我评价	小组评价	教师评价	分值分配
10	做好 6S 管理工作				10
	合计				100
	总分				

评分说明：

①评分项目 3 为"课前准备"部分评分分值。

②总分 = "自我评价" ×20% + "小组评价" ×20% + "教师评价" ×60% + 拓展项目。

③如有拓展项目，每完成一个拓展项目，总分加 10 分。

四、总结反思

（1）学到的新知识点。

（2）掌握的新技能。

（3）你对自己在本任务中的表现是否满意？写出课后反思。

任务四 辅助装置故障诊断与维修（工作页）

任务描述：

立式加工中心在加工过程中提示报警2051，润滑油箱液面低，请根据提示信息完成故障排除。

一、应知应会

熟练掌握润滑系统的电气控制原理图和 PLC 梯形图程序。

二、工作过程

（一）课前准备

为完成该任务，请检验自己是否已掌握以下知识或能力。

低油位故障排除方法如下。

步骤1：根据提示信息，润滑油箱液面低，首先要检查油箱液位，检查发现液位正常。

步骤2：查看电气原理图，找到液位检测输入 X 信号，查看信号状态，此信号为接通状态，导致触发 PLC 导通，产生报警，正常状态下，此信号应为不接通。

步骤3：确认液位检测开关和相应回路，拆开油泵，发现液位检测开关故障。更换液位检测开关，故障排除。

（二）计划

1. 小组分工（表4-4-1）

表4-4-1 小组分工

班级			日期	
小组名称			组长	
岗位分工				
成员				

2. 计划讨论

小组成员共同讨论工作计划，列出每一位成员的工作内容。

（三）实施

1. 项目实施

模仿教师排除低油位故障的方法，按照故障排查的步骤实施。

2. 成果分享

每个小组将实施结果上传到线上教学平台，由2~3个小组分别展示和讲解。

3. 问题反思

（1）数控机床中除了加工件需要冷却外，还有哪些需要冷却的？

（2）分析数控机床润滑系统与液压系统有哪些相同点和不同点。

三、评价

小组成员各自完成"自我评价"，组长完成"小组评价"，教师完成"教师评价"（表4-4-2）。整理实训设备，做好6S管理工作。

表4-4-2 任务评价表

序号	评价内容	自我评价	小组评价	教师评价	分值分配
1	遵守安全操作规范				5
2	态度端正，工作认真				5
3	能提前进行课前学习，完成项目信息相关练习				20
4	能熟练、多渠道地查找参考资料				5
5	能正确地按操作步骤完成操作				20
6	方案优化，选型合理				5
7	能正确回答指导教师的问题				15
8	能在规定的时间内完成任务				10
9	能与他人团结协作				5
10	做好6S管理工作				10
合计					100
总分					

评分说明：

①评分项目3为"课前准备"部分评分分值。

②总分＝"自我评价"×20%＋"小组评价"×20%＋"教师评价"×60%＋拓展项目。

③如有拓展项目，每完成一个拓展项目，总分加10分。

四、总结反思

1. 学到的新知识点。

2. 掌握的新技能。

3. 你对自己在本任务中的表现是否满意？写出课后反思。

项目五 数控机床精度检测与验收

任务一 数控设备的试运行（工作页）

任务描述：

图 5 – 1 – 1 所示为立式加工中心，请对该设备进行试运行动作，检查该设备性能并编写试运行程序进行测试。

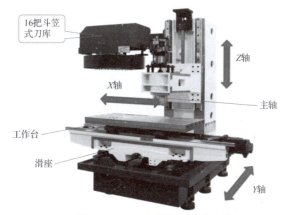

图 5 – 1 – 1 立式加工中心

一、应知应会

掌握加工中心试运行项目。

二、工作过程

（一）课前准备

为完成该任务，请检验自己是否已掌握以下知识或能力。

1. 加工中心的试运行项目

请查找立式加工中心空运行试验国家标准，列出试验测试内容，填入表 5 – 1 – 1。

表 5 – 1 – 1　运行项目测试内容

空运行试验	
1	主运动机构测试
2	进给运动机构测试

2. 立式加工中心功能试验

请准备实训室加工中心功能试验测试项目清单表，进行加工中心功能试验，填入表 5 – 1 – 2。

表 5 – 1 – 2　项目清单表加工中心功能试验

机床型号				
项目	主要内容	要求	是否正常	备注
急停功能	低速	2 次		
	中速	2 次		
	高速	2 次		
主轴	锁刀	5 次		
	松气	5 次		
	吹气	5 次		
	启动	10 次		
	正转	10 次		
	反转	10 次		
	停止	10 次		
	定向	10 次		
线性坐标运动部件	正向启停	10 次		
	反向启停	10 次		
软限位设定	低速	2 次		
	中速	2 次		
	高速	2 次		
硬限位设定	低速	2 次		
	中速	2 次		
	高速	2 次		
刀库	灵活、准确			
其他				

3. 试运行程序编写

请按照该设备技术文件编写加工中心试运行程序，填入表 5 – 1 – 3。

表 5 – 1 – 3　加工中心试运行程序

设备型号	
试运行程序	

（二）计划

1. 小组分工（表 5-1-4）

表 5-1-4　小组分工

班级			日期	
小组名称			组长	
岗位分工				
成员				

2. 计划讨论

小组成员共同讨论工作计划，熟悉各自岗位职责。

（三）实施

1. 项目实施

模仿教师进行加工中心试运行操作。

2. 成果分享

每个小组将实施结果上传到线上教学平台，由 2~3 个小组分别展示和讲解加工中心的试运行相关项目。

3. 问题反思

（1）实施过程中，检验刀库性能指标有哪些？

（2）实施过程中，如何编写伺服轴移动测试程序？

三、评价

小组成员各自完成"自我评价"，组长完成"小组评价"，教师完成"教师评价"（表 5-1-5）。整理实训设备，做好 6S 管理工作。

表 5-1-5　任务评价表

序号	评价内容	自我评价	小组评价	教师评价	分值分配
1	遵守安全操作规范				5
2	态度端正，工作认真				5

序号	评价内容	自我评价	小组评价	教师评价	分值分配
3	能提前进行课前学习，完成项目信息相关练习				20
4	能熟练、多渠道地查找参考资料				5
5	能正确地操作立式加工中心，完成试运行相关项目				20
6	方案优化，选型合理				5
7	能正确回答指导教师的问题				15
8	能在规定的时间内完成任务				10
9	能与他人团结协作				5
10	做好 6S 管理工作				10
合计					100
总分					

评分说明：

①评分项目 3 为"课前准备"部分评分分值。

②总分 = "自我评价"×20% + "小组评价"×20% + "教师评价"×60% + 拓展项目。

③如有拓展项目，每完成一个拓展项目，总分加 10 分。

四、总结反思

（1）学到的新知识点。

（2）掌握的新技能。

（3）你对自己在本任务中的表现是否满意？写出课后反思。

任务二 数控设备几何精度检验（工作页）

任务描述：

根据实训室现有加工中心，请对该加工中心几何精度进行检验。

一、应知应会

数控机床几何精度检测项目标准。

二、工作过程

（一）课前准备

为完成该任务，请检验自己是否已掌握以下知识或能力。

1. 加工中心几何精度检测所使用的工、量、检具

请写出检测前所需准备的工、量、检具，并简单描述其功能，填入表 5 – 2 –1。

表 5 – 2 – 1 加工中心几何精度检测工具

序号	名称	规格/量程	用途及使用方法

2. 加工中心几何精度项目

依据国家标准 GB/T 18400.2—2010《加工中心检验条件 第 2 部分：立式或带主回转轴的万能主轴头机床几何精度检验（垂直 Z 轴）》，列出所需检测项目种类及要求，填入表 5 – 2 – 2。

表 5 – 2 – 2 检测项目种类及要求

设备型号	
检测项目	
检测标准	
工量检具	
检测步骤	

(二) 计划

1. 小组分工（表5-2-3）

表5-2-3　小组分工

班级			日期	
小组名称			组长	
岗位分工				
成员				

2. 计划讨论

小组成员共同讨论工作计划，熟悉各自岗位职责。

(三) 实施

1. 项目实施

模仿教师进行加工中心几何精度的检测。

2. 成果分享

每个小组将实施结果上传到线上教学平台，由2~3个小组分别展示和讲解加工中心几何精度检测项目。

3. 问题反思

(1) 在线性运动直线度检测过程中，为何要进行两个方面的检测？

(2) 实施过程中，主轴检验棒的操作应注意哪些？

三、评价

小组成员各自完成"自我评价"，组长完成"小组评价"，教师完成"教师评价"（表5-2-4）。整理实训设备，做好6S管理工作。

表5-2-4　任务评价表

序号	评价内容	自我评价	小组评价	教师评价	分值分配
1	遵守安全操作规范				5
2	态度端正，工作认真				5

序号	评价内容	自我评价	小组评价	教师评价	分值分配
3	能提前进行课前学习，完成项目信息相关练习				20
4	能熟练、多渠道地查找参考资料				5
5	能正确地操作立式加工中心，完成几何精度的检测				20
6	方案优化，选型合理				5
7	能正确回答指导教师的问题				15
8	能在规定的时间内完成任务				10
9	能与他人团结协作				5
10	做好 6S 管理工作				10
	合计				100
	总分				

评分说明：

①评分项目 3 为"课前准备"部分评分分值。

②总分 = "自我评价" ×20% + "小组评价" ×20% + "教师评价" ×60% + 拓展项目。

③如有拓展项目，每完成一个拓展项目，总分加 10 分。

四、总结反思

（1）学到的新知识点。

（2）掌握的新技能。

（3）你对自己在本任务中的表现是否满意？写出课后反思。

任务三　数控机床运动精度检验（工作页）

子任务1：数控机床圆度误差及反向间隙误差的检测

任务描述：

根据实训室现有立式加工中心，进行该机床 XY 平面圆度误差及 X 轴、Y 轴反向间隙检验与补偿。

一、应知应会

（1）球杆仪的安装及调试方法。

（2）检测数据的分析及补偿方法。

二、工作过程

（一）课前准备

为完成该任务，请检验自己是否已掌握以下知识或能力。

1. 设备安装清单

请写球杆仪安装及调试工单，填入表 5 – 3 – 1。

表 5 – 3 – 1　球杆仪安装及调试工单

步骤	
1	
2	
3	
4	
5	
6	
7	
8	

2. 检测步骤（表 5 – 3 –2）

表 5 – 3 – 2　检测步骤

序号	检测项目	检测内容	备注
1	编制 XY 平面测试程序 （可以借鉴仪器帮助手册中的已有程序）， 并输入数控系统	半径：_____ 进给速度：_____	

序号	检测项目	检测内容	备注
2	设定球杆仪测试中心	在机床上建立测试程序的坐标系原点	
3	测试程序调试	空运行测试程序	
4	蓝牙连接调试	将球杆仪与电脑连接起来	
5	配置校准规	配置校准规 30~100 mm 中的任意一种	
6	安装球杆仪并测试		
7	按 GB 17421-4 分析圆度误差		
8	XY 平面垂直度误差		
9	按 GB 17421-4 分析 X 轴反向间隙误差		
10	X 轴反向间隙补偿参数 1851		

（二）计划

1. 小组分工（表 5-3-3）

表 5-3-3　小组分工

班级		日期	
小组名称		组长	
岗位分工			
成员			

2. 计划讨论

小组成员共同讨论工作计划：分析机床圆度误差、反向间隙产生的原因；球杆仪的使用方法及注意事项；对所检测数据的分析及补偿方法。

（三）实施

1. 项目实施

分组操作球杆仪，对机床 XY 平面圆度误差、X 轴反向间隙误差进行检测与分析，并对 X 轴反向间隙误差进行补偿。

2. 成果分享

每个小组将实施结果上传到线上教学平台，由 2~3 个小组以视频方式分别展示所实施过程。

3. 问题反思

（1）实施过程中，球杆仪的安装调试方法及软件参数设置注意事项分别是什么？

（2）对实施结果所得数据进行分析。

（3）实施过程中，通过千分表指示器检验机床 X 轴、Y 轴反向间隙误差的方法是什么？

三、评价

小组成员各自完成"自我评价"，组长完成"小组评价"，教师完成"教师评价"（表 5 – 3 – 4）。整理实训设备，做好 6S 管理工作。

表 5 – 3 – 4　任务评价表

序号	评价内容	自我评价	小组评价	教师评价	分值分配
1	遵守安全操作规范				5
2	态度端正，工作认真				5
3	能提前进行课前学习，完成项目信息相关练习				20
4	能熟练、多渠道地查找参考资料				5
5	能正确地操作机床进行试切件加工				20
6	方案优化，选型合理				5
7	能正确回答指导教师的问题				15
8	能在规定的时间内完成任务				10
9	能与他人团结协作				5
10	做好 6S 管理工作				10
	合计				100
	总分				

评分说明：

①评分项目 3 为"课前准备"部分评分分值。

②总分 = "自我评价"×20% + "小组评价"×20% + "教师评价"×60% + 拓展项目。

③如有拓展项目，每完成一个拓展项目，总分加 10 分。

四、总结反思

（1）学到的新知识点。

（2）掌握的新技能。

（3）你对自己在本任务中的表现是否满意？写出课后反思。

子任务 2：数控机床螺距误差检测与补偿

任务描述：

根据实训室现有立式加工中心，对该机床 X 轴螺距误差进行检验及补偿。

一、应知应会

（1）掌握产生螺距误差的原因。
（2）掌握螺距误差补偿参数的设置方法。
（3）掌握激光干涉仪的安装及调试方法。

二、工作过程

（一）课前准备

为完成该任务，请检验自己是否已掌握以下知识或能力。

1. 激光干涉仪安装调试步骤（表 5 - 3 - 5）

表 5 - 3 - 5　激光干涉仪安装调试步骤

步骤	解释
1	
2	
3	
4	
5	
6	
7	

2. 机床特性参数（表5－3－6）

表5－3－6　机床特性参数

项目	参数	备注
机床螺距补偿行程		
螺距误差补偿间距		

3. 参数的设置

根据机床的参数，设置螺距误差补偿参数，填入表5－3－7。

表5－3－7　螺距误差补偿参数

参数号	数值
3605#0	
3620	
3621	
3622	
3623	
3624	

（二）计划

1. 小组分工（表5－3－8）

表5－3－8　小组分工

班级		日期	
小组名称		组长	
岗位分工			
成员			

2. 计划讨论

小组成员共同讨论工作计划，确定机床误差补偿轴和距离、补偿点间隔，设置补偿点号；安装激光干涉仪并进行软硬件调试；分析检测结果并进行补偿生效测试。

（三）实施

1. 项目实施

模仿教师使用激光干涉仪进行机床 X 轴螺距误差补偿检验。

2. 成果分享

每个小组将实施结果上传到线上教学平台，由 2 ~ 3 个小组以视频方式分别展示实施过程。

3. 问题反思

（1）实施过程中，激光干涉仪的调平方法及光学镜组的安装位置分别是什么？

（2）实施过程中，如何编译测量程序？

（3）实施过程中，检测螺距误差补偿值生效的方法及不生效的原因分别是什么？

三、评价

小组成员各自完成"自我评价"，组长完成"小组评价"，教师完成"教师评价"（表 5-3-9）。整理实训设备，做好 6S 管理工作。

表 5-3-9　任务评价表

序号	评价内容	自我评价	小组评价	教师评价	分值分配
1	遵守安全操作规范				5
2	态度端正，工作认真				5
3	能提前进行课前学习，完成项目信息相关练习				20
4	能熟练、多渠道地查找参考资料				5
5	能正确地操作机床进行试切件加工				20
6	方案优化，选型合理				5
7	能正确回答指导教师的问题				15
8	能在规定的时间内完成任务				10

序号	评价内容	自我评价	小组评价	教师评价	分值分配
9	能与他人团结协作				5
10	做好 6S 管理工作				10
	合计				100
	总分				

评分说明：

①评分项目 3 为"课前准备"部分评分分值。

②总分 = "自我评价" ×20% + "小组评价" ×20% + "教师评价" ×60% + 拓展项目。

③如有拓展项目，每完成一个拓展项目，总分加 10 分。

四、总结反思

（1）学到的新知识点。

（2）掌握的新技能。

（3）你对自己在本任务中的表现是否满意？写出课后反思。

任务四　数控设备切削加工精度检验（工作页）

任务描述：

根据实训室现有立式加工中心进行试切件的加工，并检测加工后试切件精度。

一、应知应会

编制试切件的加工工艺。

二、工作过程

（一）课前准备

为完成该任务，请检验自己是否已掌握以下知识或能力。

1. 加工工具准备

请写出加工所需的刀具清单，填入表5-4-1。

表5-4-1　刀具清单

步骤	内容
1	
2	
3	
4	
5	
6	
7	

2. 编制试切件的加工工艺单（表5-4-2）

表5-4-2　试切件的加工工艺单

图号		名称		件数		材料	专用工	工时	检验
序号	机床型号	加工内容							

3. 零件精度检验清单（表5-4-3）

表5-4-3 零件精度检验清单

检测件名称		检测员		
检测项目	检测工具（设备）	检测标准	检测结果	备注

（二）计划

1. 小组分工（表5-4-4）

表5-4-4 小组分工

班级			日期	
小组名称			组长	
岗位分工				
成员				

2. 计划讨论

小组成员共同讨论工作计划，讨论数控镗铣床的整机精度测试与验收的主要检测项目、检测内容、测量方法、允差要求。

（三）实施

1. 项目实施

模仿教师进行数控机床试切件的加工及精度检测。

2. 成果分享

每个小组将实施结果上传到线上教学平台，由2~3个小组分别展示所完成的试切件。

3. 问题反思

（1）实施过程中，如何优化加工工艺参数？

（2）实施过程中，如何检测试切件精度所用到的工具？

68

三、评价

小组成员各自完成"自我评价",组长完成"小组评价",教师完成"教师评价"(表5-4-5)。整理实训设备,做好6S管理工作。

表5-4-5　任务评价表

序号	评价内容	自我评价	小组评价	教师评价	分值分配
1	遵守安全操作规范				5
2	态度端正,工作认真				5
3	能提前进行课前学习,完成项目信息相关练习				20
4	能熟练、多渠道地查找参考资料				5
5	能正确地操作机床进行试切件加工				20
6	方案优化,选型合理				5
7	能正确回答指导教师的问题				15
8	能在规定的时间内完成任务				10
9	能与他人团结协作				5
10	做好6S管理工作				10
	合计				100
	总分				

评分说明:
①评分项目3为"课前准备"部分评分分值。
②总分 = "自我评价" ×20% + "小组评价" ×20% + "教师评价" ×60% +拓展项目。
③如有拓展项目,每完成一个拓展项目,总分加10分。

四、总结反思

(1)学到的新知识点。

(2)掌握的新技能。

(3)你对自己在本任务中的表现是否满意?写出课后反思。

项目六　数控机床的日常维护与保养

任务一　数控机床维护与保养概述（工作页）

任务描述：

根据实训室现有数控设备，参照数控设备维护保养手册，完成设备的日常维护保养工作。

一、应知应会

掌握加工中心的维护与保养项目。

二、工作过程

（一）课前准备

为完成该任务，请检验自己是否已掌握以下知识或能力。

1. 了解机床辅助系统种类及结构

请列出实训室立式加工中心辅助系统类型及型号（表6-1-1）。

表6-1-1　辅助系统类型及型号

设备名称		
辅助系统	类型	功能介绍

2. 立式加工中心日常点检清单

请准备实训室加工中心日常点检项目清单（表6-1-2）。

表 6-1-2 加工中心日常点检项目清单

机床型号			
启动前、启动后、每日作业结束时			
保养项目		工作内容	说明
启动前检查项目			
启动后检查项目			
每日作业结束时检查项目			
每周、月、季、年需检查的项目			
每周需检查项目			
每月需检查项目			
每季需检查项目			
每年需检查项目			

（二）计划

1. 小组分工（表6-1-3）

表6-1-3　小组分工

班级			日期	
小组名称			组长	
岗位分工				
成员				

2. 计划讨论

小组成员共同讨论工作计划，熟悉各自岗位职责。

（三）实施

1. 项目实施

模仿教师进行加工中心维护保养操作。

2. 成果分享

每个小组将实施结果上传到线上教学平台，由2~3个小组分别展示和讲解加工中心的维护与保养相关项目。

3. 问题反思

（1）实施过程中，润滑系统需要检测的项目有哪些？

（2）实施过程中，排屑系统正常工作，但切屑无法正常排出，分析原因。

三、评价

小组成员各自完成"自我评价"，组长完成"小组评价"，教师完成"教师评价"（表6-1-4）。整理实训设备，做好6S管理工作。

表6-1-4　任务评价表

序号	评价内容	自我评价	小组评价	教师评价	分值分配
1	遵守安全操作规范				5
2	态度端正，工作认真				5

序号	评价内容	自我评价	小组评价	教师评价	分值分配
3	能提前进行课前学习，完成项目信息相关练习				20
4	能熟练、多渠道地查找参考资料				5
5	能正确地操作立式加工中心日常维护保养项目				20
6	方案优化，选型合理				5
7	能正确回答指导教师的问题				15
8	能在规定的时间内完成任务				10
9	能与他人团结协作				5
10	做好 6S 管理工作				10
合计					100
总分					

评分说明：

①评分项目 3 为"课前准备"部分评分分值。

②总分 = "自我评价" ×20% + "小组评价" ×20% + "教师评价" ×60% + 拓展项目。

③如有拓展项目，每完成一个拓展项目，总分加 10 分。

四、总结反思

（1）学到的新知识点。

（2）掌握的新技能。

（3）你对自己在本任务中的表现是否满意？写出课后反思。

任务二　数控机床机械部分及辅助装置的维护与保养（工作页）

任务描述：

根据实训室现有加工中心，请对该设备主传动系统和进给传动系统进行维护保养。

一、应知应会

立式加工中心主传动系统主要部件的维护保养，进给传动系统主要部件的维护保养。

二、工作过程

（一）课前准备

为完成该任务，请检验自己是否已掌握以下知识或能力。

1. 加工中心主传动系统的维护保养

请列出立式加工中心主传动系统的维护与保养清单（表6－2－1）。

表6－2－1　维护与保养清单

设备型号		
主传动系统	功能	维护与保养方法

2. 加工中心进给传动系统的维护保养

请列出立式加工中心进给传动系统的维护与保养清单（表6－2－2）。

表6－2－2　维护与保养清单

设备型号		
主传动系统	功能	维护与保养方法

（二）计划

1. 小组分工（表6-2-3）

表6-2-3　小组分工

班级			日期	
小组名称			组长	
岗位分工				
成员				

2. 计划讨论

小组成员共同讨论工作计划，熟悉各自岗位职责。

（三）实施

1. 项目实施

模仿教师进行加工中心主传动系统主要部件、进给传动系统主要部件的维护与保养操作。

2. 成果分享

每个小组将实施结果上传到线上教学平台，由2~3个小组分别展示和讲解加工中心几何精度检测项目。

3. 问题反思

（1）实施过程中，主轴驱动的皮带如何调整松紧？

（2）实施过程中，导轨的维护保养方法有哪些？

三、评价

小组成员各自完成"自我评价"，组长完成"小组评价"，教师完成"教师评价"（表6-2-4）。整理实训设备，做好6S管理工作。

表6-2-4　任务评价表

序号	评价内容	自我评价	小组评价	教师评价	分值分配
1	遵守安全操作规范				5
2	态度端正，工作认真				5

序号	评价内容	自我评价	小组评价	教师评价	分值分配
3	能提前进行课前学习，完成项目信息相关练习				20
4	能熟练、多渠道地查找参考资料				5
5	能正确地完成立式加工中心主传动系、进给传动系统维护保养				20
6	方案优化，选型合理				5
7	能正确回答指导教师的问题				15
8	能在规定的时间内完成任务				10
9	能与他人团结协作				5
10	做好 6S 管理工作				10
合计					100
总分					

评分说明：

①评分项目 3 为"课前准备"部分评分分值。

②总分 = "自我评价" ×20% + "小组评价" ×20% + "教师评价" ×60% + 拓展项目。

③如有拓展项目，每完成一个拓展项目，总分加 10 分。

四、总结反思

（1）学到的新知识点。

（2）掌握的新技能。

（3）你对自己在本任务中的表现是否满意？写出课后反思。

任务三　数控机床电气控制装置的维护与保养（工作页）

任务描述：

根据实训室现有数控设备，对电气控制装置进行维护与保养。

一、应知应会

数控装置与伺服单元电池的更换，电气柜及电气元件的维护与保养。

二、工作过程

（一）课前准备

为完成该任务，请检验自己是否已掌握以下知识或能力。

1. 数控装置与伺服单元电池选型及更换

请写出数控装置与伺服单元电池更换清单（表6－3－1）。

表6－3－1　数控装置与伺服单元电池更换清单

设备型号				
更换部件信息	型号	数量	报警信息	备注

2. 常见电气元件

请列出实训室数控设备电柜中电气元件，说明型号、数量及功能（表6－3－2）。

表6－3－2　电气元件清单

设备型号				
电气元件	型号	数量	功能	备注

3. 电气元件检验（表6-3-3）

表6-3-3　电气元件检验表

元件名称	
型号	
参数含义	
工作电压	
工作电流	
性能检测	

（二）计划

1. 小组分工（表6-3-4）

表6-3-4　小组分工

班级			日期	
小组名称			组长	
岗位分工				
成员				

2. 计划讨论

小组成员共同讨论工作计划，讨论数控机床电气控制装置的维护与保养方法。

（三）实施

1. 项目实施

模仿教师进行数控机床电气控制装置的检测、维护与保养。

2. 成果分享

每个小组将实施结果上传到线上教学平台，由2~3个小组分别展示数控机床电气控制装置的检测、维护与保养。

3. 问题反思

（1）实施过程中，电气柜维护注意事项有哪些？

（2）实施过程中，交流接触器性能检测方法有哪些？

三、评价

小组成员各自完成"自我评价",组长完成"小组评价",教师完成"教师评价"(表6–3–5)。整理实训设备,做好6S管理工作。

表6–3–5 任务评价表

序号	评价内容	自我评价	小组评价	教师评价	分值分配
1	遵守安全操作规范				5
2	态度端正,工作认真				5
3	能提前进行课前学习,完成项目信息相关练习				20
4	能熟练、多渠道地查找参考资料				5
5	能正确地对数控设备电气控制部分进行维护保养				20
6	方案优化,选型合理				5
7	能正确回答指导教师的问题				15
8	能在规定的时间内完成任务				10
9	能与他人团结协作				5
10	做好6S管理工作				10
	合计				100
	总分				

评分说明:

①评分项目3为"课前准备"部分评分分值。

②总分="自我评价"×20%+"小组评价"×20%+"教师评价"×60%+拓展项目。

③如有拓展项目,每完成一个拓展项目,总分加10分。

四、总结反思

(1)学到的新知识点。

(2)掌握的新技能。

(3)你对自己在本任务中的表现是否满意?写出课后反思。

数控机床故障诊断与维护

（含任务工单）

主　编　董海涛　常镭民

副主编　马　臻　崔俊杰　宋　侠　郭海青

北京理工大学出版社

BEIJING INSTITUTE OF TECHNOLOGY PRESS

内 容 简 介

本教材是遵循"项目导向、任务驱动、做学合一"的原则,依据1+X数控设备维护与维修职业技能等级标准,围绕典型工作任务和技能要求萃取知识点、技能点和素养点,并基于数控设备维护与维修相关岗位工作事情,融入了企业案例的真实案例,设置了数控机床维修基础、数控系统参数设置、PMC故障诊断与维修、数控机床故障诊断与维修、数控机床精度检测与验收、数控机床的日常保养与维护等6个工作项目,每个工作项目按照项目描述、学习目标、任务描述、知识点拨等环节进行设计,并设置相应能力测评和拓展训练,重点阐述数控机床故障分析方法和检测原理,以全面提升学生的数控机床故障诊断与维护的能力。

本教材以企业真实数控机床维护与维修案例项目贯穿始终,每个工作项目在设置学习目标并梳理维护维修要点的基础上,特别注重1+X数控设备维护与维修职业技能等级证书对数控设备维护与维修的考核要点、思政内容的引入,帮助学习者更好的进行知识巩固与技能提升,全面推动课、赛、思、证的"四高融合"发展。本教材适用于高等院校、高职院校数控类专业、机械类专业、机电类专业职业课程教材,也可供在职机械、数控和机电类人士学习和参考。

图书在版编目（CIP）数据

数控机床故障诊断与维护：含任务工单／董海涛,
常镭民主编. —— 北京：北京理工大学出版社,2023. 10
   ISBN 978 – 7 – 5763 – 2979 – 7

Ⅰ. ①数… Ⅱ. ①董… ②常… Ⅲ. ①数控机床 – 故
障诊断 – 高等学校 – 教材②数控机床 – 维修 – 高等学校 –
教材 Ⅳ. ①TG659

中国国家版本馆 CIP 数据核字（2023）第 196189 号

责任编辑：王玲玲   文案编辑：王玲玲
责任校对：刘亚男   责任印制：李志强

出版发行 / 北京理工大学出版社有限责任公司
社   址 / 北京市丰台区四合庄路 6 号
邮   编 / 100070
电   话 / (010) 68914026（教材售后服务热线）
            (010) 63726648（课件资源服务热线）
网   址 / http：//www. bitpress. com. cn

版 印 次 / 2023 年 10 月第 1 版第 1 次印刷
印   刷 / 三河市天利华印刷装订有限公司
开   本 / 787 mm × 1092 mm   1/16
印   张 / 15.25
字   数 / 331 千字
定   价 / 79.00 元

前　言

数控技术是用数字信息对机械运动和工作过程进行控制的技术，是工业生产中的一门发展十分迅速的高新技术。数控装备是以数控技术为代表的新技术，应用于传统制造产业和新型制造业形成的机电一体化产业，即所谓的数字化装备。除了对数控机床技术指标如高速化、高精度和可靠性的进一步提高以外，世界上许多数控系统生产厂家利用 PC 丰富的软、硬件资源开发开放式体系结构的新一代数控系统。开放式体系结构使数控系统具有更好的通用性、柔性、适应性、扩展性，并向智能化、网络化方向发展。

按照推进习近平新时代中国特色社会主义思想进教材进课堂进头脑，开发了拓展专题和主题，建好中国智造伟大成果，弘扬精益求精的工匠精神，增强学生用于探索的创新精神，激发学生科技报国的家国情怀和使命担当。

本书遵循"项目导向、任务驱动、做学合一"的原则，依据 1 + X 数控设备维护与维修职业技能等级标准，围绕典型工作任务和技能要求萃取知识点、技能点和素养点，并基于数控设备维护与维修相关岗位工作事宜，融入了企业真实案例，设置了数控机床维修基础、数控系统参数设置、PMC 故障诊断与维修、数控机床故障诊断与维修、数控机床精度检测与验收、数控机床的日常维护与保养 6 个工作项目，每个工作项目按照学习目标、项目描述、项目分析、任务描述等环节进行设计，并设置相应能力测评和拓展训练，重点阐述数控机床故障分析方法和检测原理，以全面提升学生的数控机床故障诊断与维护的能力。

企业真实数控机床维护与维修案例项目贯穿始终，每个工作项目在设置学习目标并梳理维护、维修要点的基础上，特别注重 1 + X 数控设备维护与维修职业技能等级证书对数控设备维护与维修的考核要点的引入，帮助学习者更好地进行知识巩固与技能提升，全面推动课赛融通。

本书由董海涛、常镭民担任主编，常镭民负责统稿。其中，项目一和项目二由董海涛、常镭民编写；项目三由崔俊杰编写；项目四由宋侠编写；项目五由马臻编写；项目六由郭海青编写。本书编写过程中，得到了浙江亚龙教育装备股份有限公司的大力支持并参考了一些文献，在此一并致谢。

由于编者水平有限，书中难免有不当之处，恳请读者予以批评指正。

目　录

项目一　数控机床维修基础

知识树

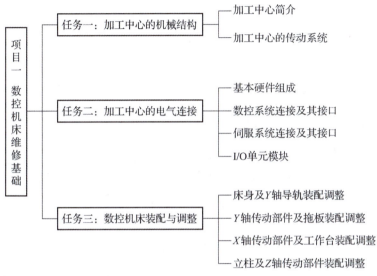

学习目标：

1. 能够阐明加工中心的基本特征、加工中心的用途、机床组成。
2. 能够分析加工中心的布局、用途、结构。
3. 能够识读电气原理图、电气接线图和电气布局图。
4. 掌握加工中心的主传动系统、进给传动系统的装配调整技能。
5. 具备6S职业素养。
6. 具备精益求精的工匠精神。

项目描述：

在学习数控机床的维护与维修时，首先应该掌握数控机床的机械结构和电气连接；在进行主要部件装配时，需要掌握装配调整。此外，还要能够进行数控机床外围设备的硬件连接与故障诊断，学会数控机床硬件故障的排查。

1. 简述数控立式加工中心机械部件装配，主轴的装配、检测与调整的步骤。
2. 绘制实训室加工中心的控制电路。

项目分析：

本项目主要学习加工中心的机械结构、电气装置和部件装配。通过本项目的学习，学生能够识别电气原理图、接线图、布局图及机械装配图。

任务一　加工中心的机械结构

一、加工中心简介

立式加工中心主要部件和主要运动（图 1-1-1）：床身 1、立柱 15 为该机床的基础部件，交流变频调速电动机将运动经主轴箱 5 内的传动件传给主轴，实现旋转主运动。三个宽调速直流（DC）伺服电动机 10、17、13 分别经滚珠丝杠螺母将运动传给工作台 8、滑座 9，实现 X、Y 坐标的进给运动，传给主轴箱 5，使其沿立柱导轨做 Z 坐标的进给运动。立柱左上侧的圆盘形刀库 6 可容纳 16 把刀，由机械手 7 进行自动换刀。立柱的左后部为数控柜 16，左下侧为润滑油箱 18。

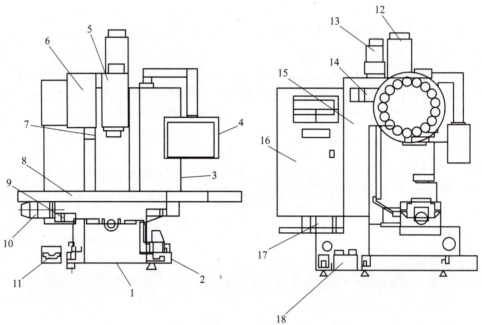

1—床身；2—切削液箱；3—驱动电柜；4—操纵面板；5—主轴箱；6—刀库；
7—机械手；8—工作台；9—滑座；10—X 轴伺服电动机；11—切削柜；12—主轴电动机；
13—Z 轴伺服电动机；14—刀库电动机；15—立柱；16—数控柜；17—Y 轴伺服电动机；18—润滑油箱。

图 1-1-1　立式加工中心的主要部件和主要运动

二、加工中心的传动系统

立式加工中心的传动系统如图 1-1-2 所示，存在五条传动链：主运动传动链，纵向、横向、垂直方向传动链，刀库的旋转运动传动链。传动链用来实现刀具的旋转运动，工作台的纵向、横向进给运动，主轴箱的升降运动，以及选择刀具时刀库的旋转运动。

（一）主运动传动系统

主轴电动机通过一对同步带轮将运动传给主轴，使主轴在 22.5～2 250 r/min 的转速范围内实现无级调速。

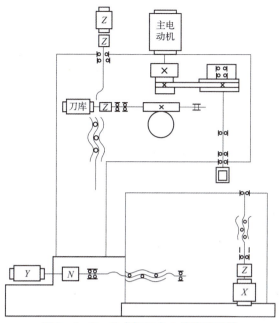

图 1 - 1 - 2　立式加工中心的传动系统

（二）进给传动系统

X、Y、Z 三个轴各有一套基本相同的伺服进给系统，脉宽调速直流伺服电动机直接带动滚珠丝杠，功率都为 1.4 kW，无极调速。三个轴的进给速度均为 1~400 mm/min。快移速度时，X、Y 两轴皆为 12 m/min，Z 轴为 10 m/min。

（三）刀库驱动系统

圆盘形刀库也用直流伺服电动机经蜗杆、蜗轮驱动，装在标准刀柄中的刀具置于圆盘的周边。当需要换刀时，刀库旋转到指定位置准停，机械手换刀。立式加工中心刀库的结构如图 1 - 1 - 3 所示。

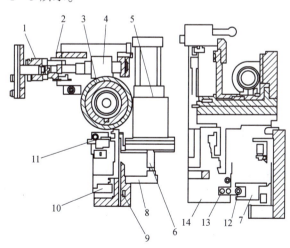

1—直流伺服电动机；2—十字联轴器；3—蜗轮；4—蜗杆；5—气缸；6—活塞杆；7—拨叉；
8—螺杆；9、10—行程开关；11—滚子；12—销轴；13—刀套；14—刀盘。

图 1 - 1 - 3　立式加工中心刀库的结构

任务二　加工中心的电气连接

一、基本硬件组成

数控机床系统通常由 CNC 控制器、主轴模块、伺服模块、PMC 控制模块、LCD 单元、强回电路等构成，大多数厂家已将显示卡集成在主板上。常见系统单元配置如图 1-2-1 所示。

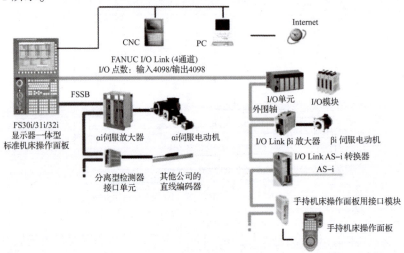

图 1-2-1　FANUC 系统单元配置

二、数控系统连接及其接口

数控系统主机硬件概要如图 1-2-2 所示。

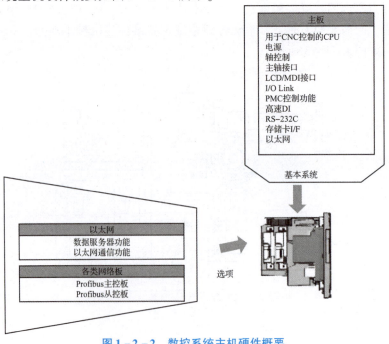

图 1-2-2　数控系统主机硬件概要

数控系统主机方框如图 1 – 2 – 3 所示。

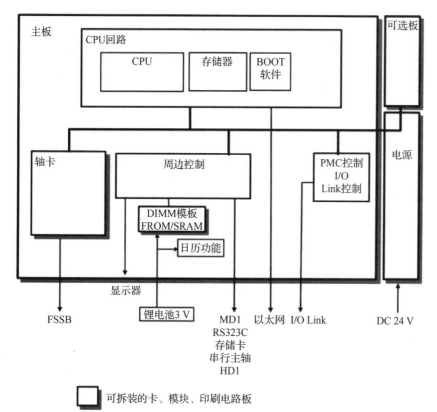

可拆装的卡、模块、印刷电路板

图 1 – 2 – 3　数控系统主机方框

数控系统主机正面视图如图 1 – 2 – 4 所示。

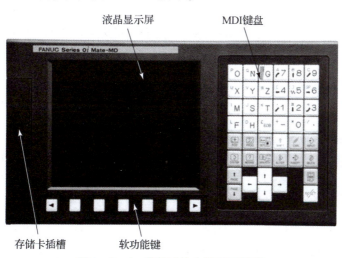

图 1 – 2 – 4　数控系统主机正面视图

数控系统主机背面接口视图如图 1 – 2 – 5 所示。

数控系统主机连接接口见表 1 – 2 – 1。

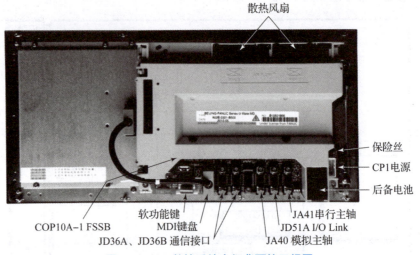

图 1-2-5　数控系统主机背面接口视图

表 1-2-1　数控系统主机连接接口

序号	功能接口	端口名称	备注
1	电源接口	CP1	电源直流 24 V
2	通信接口	RS232-C、JD36A、JD36B	必须 0iD 系统与电脑同时断电
3	模拟主轴接口	JA40	也可作为高速接口信号接口 HDI
4	串行主轴接口	JA41	也可作为模拟主轴位置编码器信号接口
5	伺服控制接口	COP10A-1	伺服控制采用光缆连接，连接均级联结构
6	I/O Link 接口	JD51A	I/O 单元电源接口、手轮信号、输入/输出等

三、伺服系统连接及其接口

αi 伺服放大器是 FANUC 数控系统常用的高性能伺服驱动产品，采用模块化的结构形式，由电源模块（PSM）、伺服驱动模块（SVM）、主轴驱动模块（SPM）组成。主轴驱动模块是用于控制主轴电动机的模块，其结构和功能与伺服驱动模块类似。主轴驱动模块可分为 200 V 与 400 V 两大系列。实际使用中，选用 200 V 的居多。αi 系列伺服放大器各模块组合连接图如图 1-2-6 所示。αi 系列伺服放大器各模块接口说明如图 1-2-7 所示。

四、I/O 单元模块

数控机床 PMC 由内装 PMC 软件、接口电路，外围设备（接近开关、电磁阀、压力开关等）构成。连接系统与从属 I/O 接口设备的电缆为高速串行电缆，称为 I/O Link。I/O Link 连接图如图 1-2-8 所示。

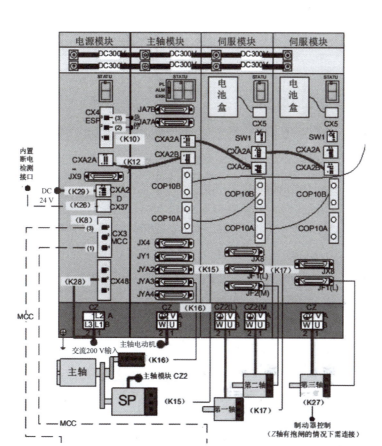

图 1−2−6　αi 系列伺服放大器各模块组合连接图

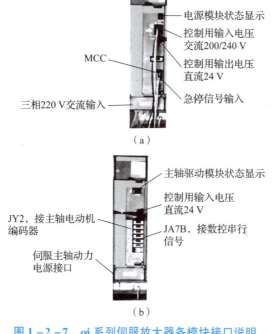

（a）

（b）

图 1−2−7　αi 系列伺服放大器各模块接口说明

（a）αi 系列电源模块接口说明；（b）αi 系列主轴模块接口说明

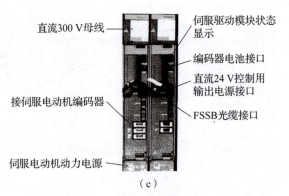

直流300 V母线

伺服驱动模块状态显示

编码器电池接口

直流24 V控制用输出电源接口

接伺服电动机编码器

FSSB光缆接口

伺服电动机动力电源

（c）

图 1 - 2 - 7　αi 系列伺服放大器各模块接口说明（续）

（c）αi 系列伺服驱动模块接口说明

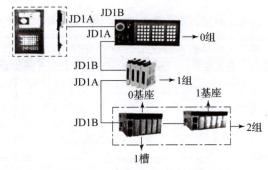

JD1A　JD1B

JD1A　→ 0组

JD1B

JD1A　→ 1组

0基座　　1基座

JD1B　→ 2组

1槽

图 1 - 2 - 8　I/O Link 连接图

　　通过 RS - 232C 或以太网，FANUC 系统可以连接计算机，对 PMC 接口状态进行在线诊断、编辑、修改梯形图。

任务三　数控机床装配与调整

一、床身及 Y 轴导轨装配调整

工作台移动数控机床的辅导轨安装（或加工）在床身上，它们处于机床最底层，其装配与调整需要首先进行。

（一）床身安装与调整

数控镗铣床的床身有铸铁床身、焊接床身两类。铸铁床身通过铸造成型，床身的结构稳定、外形一致性好、加工方便，但需要制造木模，并对铸件进行时效处理，其生产准备周期较长，因此，适合大批量生产的产品。焊接床身直接通过钢板焊接成型，材料的利用率高、生产周期短，但加工复杂、外形一致性较差，故适合单台或小批量机床生产。

通用型数控镗铣床通常批量生产，主要使用铸铁床身。铸造成型的床身经时效处理、进入装配现场后，可按以下步骤进行装配和调整。

（1）外观检查，确认床身无铸造及加工缺陷，铸件的全部表面加工均已完成。

（2）清理铸造残渣、修理毛刺，并用压缩空气吹净，保证安装面、安装孔内无残留的铁屑和残渣。

（3）检查地脚螺钉安装孔、安装面，去除毛刺，安装地脚螺钉或调整垫。

（4）按图 1-3-1 所示，在床身中间部位的直线导轨安装面或滑动导轨面上，沿导轨方向放置水平仪 1。

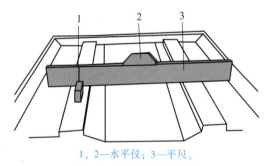

1，2—水平仪；3—平尺。

图 1-3-1　床身水平调整

（5）在床身中部的直线导轨安装面或滑动导轨面上，用等高块搁置垂直于导轨方向的大理石平尺 3，并在平尺的中间位置放置水平仪 2。

（6）调节地脚螺钉或调整垫，使床身水平在 0.03 mm/1 000 mm 以内。

（7）保持水平仪 1 的方向不变，沿导轨方向移动水平仪，检查导轨安装面或滑动导轨面的直线度，确认全长误差不超过 0.01 mm、任意 300 mm 长度上的误差不超过 0.005 mm。用同样方法检查另一导轨安装面或滑动导轨面的直线度，要求相同。

（8）保持大理石平尺 3、水平仪 2 的相对位置和方向不变，移动等高块到导轨安装面或滑动导轨面的不同位置，检查导轨扭曲度，确认全长误差不超过 0.02 mm、任意

500 mm 长度上的误差不超过 0.01 mm。如直线导轨安装面或滑动导轨面的直线度、扭曲度误差超过允差，应进行导轨安装面或滑动导轨面的铲刮、返修等处理。

（二）Y 轴导轨装配与调整

使用滑动导轨的机床，导轨直接加工在床身上，只需要进行导轨的检查；使用直线导轨时，导轨的装配与调整方法如下。

（1）按项目三任务三的基本方法与步骤，完成直线导轨的安装。

（2）如图 1 - 3 - 2 所示，用等高块将大理石平尺沿导轨平行方向搁置在床身上，并使平尺水平。

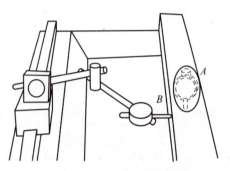

图 1 - 3 - 2　导轨直线度检查

（3）使用直线导轨时，将千分表固定在直线导轨的滑块上，移动滑块，检查图中 A 方向的直线度；对于滑动导轨，可直接将表座搁置在导轨面上，移动表座检查。

（4）确认导轨在 A 方向的全程直线度误差不超过 0.012 mm、任意 300 mm 长度上的误差不超过 0.006 mm。超差时，应对直线导轨安装面或滑动导轨面进行铲刮、返修等处理后，重新安装导轨和测量检查。

（5）将测量表调整到 B 方向，滑动导轨，以导轨侧面定位表座；移动直线导轨滑块或表座（滑动导轨），调整大理石平尺的左右位置，使测量表在导轨两侧端点的 B 向误差为 0，使平尺与导轨侧面平行。

（6）移动滑块或表座（滑动导轨），确认导轨在 B 方向的全程直线度误差不超过 0.012 mm、任意 300 mm 长度上的误差不超过 0.006 mm。超差时，应对直线导轨安装侧面或滑动导轨侧面进行铲刮、返修等处理后，重新安装导轨和测量检查。

（7）保持大理石平尺的位置不变，用同样的方法对另一侧的导轨分别进行 A、B 两方向检查，确认全程直线度误差不超过 0.012 mm、任意 300 mm 长度上的误差不超过 0.006 mm。超差时，同样需要对直线导轨安装面或滑动导轨面进行铲刮、返修等处理后，重新安装导轨和测量检查。

（8）用红丹对直线导轨的滑块安装面或滑动导轨面上色，直线导轨的滑块应移动到实际安装位置附近。按图 1 - 3 - 3（a）所示，用方筒分别对平行位置的两对滑块接触面或滑动导轨面进行研磨；完成后，检查滑块安装面或滑动导轨面被去色的面积，如去色面积大于 80%，表明滑块安装面或滑动导轨面在导轨垂直方向的平行度符合要求；否则，应对直线导轨安装面或滑动导轨面进行铲刮、返修等处理后，重新安装导轨和测量检查。

（9）用红丹对直线导轨的滑块安装面或滑动导轨面重新上色，并按图 1 - 3 - 3 (b) 所示，用方筒分别对对角线位置的两对滑块接触面或滑动导轨面进行研磨；完成后，检查滑块安装面或滑动导轨面被去色的面积，如去色面积大于 80%，表明滑块安装面或滑动导轨面在对角线方向的平行度符合要求；否则，应对直线导轨安装面或滑动导轨面进行铲刮、返修等处理后，重新安装导轨和测量检查。

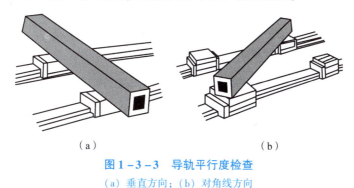

（a）   （b）

图 1 - 3 - 3　导轨平行度检查
（a）垂直方向；（b）对角线方向

二、Y 轴传动部件及拖板装配调整

Y 轴电动机、滚珠丝杠及支承部件均安装在床身上，运动部件为拖板，其装配调整一般在床身及 Y 轴导轨装配完成后进行。Y 轴滚珠丝杠的螺母座位于拖板背面（下方），固定螺母座的连接螺钉、定位销可位于拖板背面（下方）或拖板上方。螺母座背面固定的机床，需要先完成拖板上的螺母座安装，然后，以螺母座为基准，来安装 Y 轴滚珠丝杠及支承部件，其装配调整方法可参见后述的 X 轴传动部件装配；螺母座上方固定的机床，螺母座装配可在拖板装配调整完成后进行，其 Y 轴传动部件装配调整的一般方法如下。

（一）Y 轴支承座装配与调整

电动机和丝杠直接连接的进给传动系统，轴电动机及滚珠丝杠的固定支承部件一般安装在电动机座上，辅助支承轴承安装在辅助支承座上，电动机座、辅助支承座均安装在床身上，其装配调整步骤如下。

（1）清理电动机座、辅助支承座的铸造残渣，修理毛刺，并用压缩空气吹净，保证安装面、安装孔内无残留的铁屑和残渣。

（2）将电动机座、辅助支承座安装到床身上，并初步固定。

（3）在电动机座、辅助支承座的定位内孔上各安装 1 根直径相同的检测芯棒，芯棒应与定位孔配合良好、松紧恰当。

（4）按照图 1 - 3 - 4 所示安装千分表，测头接触侧母线（位置 B）；对于直线导轨，表座可直接固定在滑块上；对于滑动导轨，则应同时用顶面、侧面定位表座。

（5）移动滑块或表座（滑动导轨），缓慢旋转芯棒，分别检查芯棒在靠近支承端处的径向跳动应小于 0.007 mm，距离支承端 300 mn 处的径向跳动应小于 0.015 mm。超差时，应进行支承座位置调整、安装面修刮等处理后，重新安装电动机座、辅助支承座和测量检查。

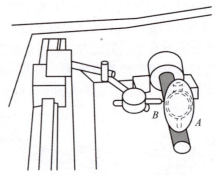

图1-3-4 支承座检查

（6）移动滑块或表座（滑动导轨），分别检查主、辅支承座芯棒侧母线（位置 B）上母线（位置 A）的平行度；确认 150 mm 长度上的误差不超过 0.01 mm。超差时，应对支承座进行位置调整、安装面铲刮等处理后，重新安装电动机座、辅助支承座和测量检查。

（7）在电动机座、辅助支承座芯棒间移动滑块或表座（滑动导轨），检查 2 根芯棒的侧母线（位置 B）等距度和上母线（位置 A）等高度，保证误差不超过 0.01 mm。误差超过时，应对辅助支承座的调整垫进行修磨、铲刮等处理后，重新安装电动机座、辅助支承座和测量检查。

（8）紧固电动机座、辅助支承座的连接螺钉，钻、铰定位销孔，安装定位销。

（二）拖板装配与调整

拖板是 Y 轴运动部件，它安装在 Y 轴导轨上，并通过螺母座与 Y 轴滚珠丝杠连接，拖板的装配与调整步骤如下。

（1）外观检查，确认拖板无铸造及加工缺陷，铸件的全部表面加工均已完成；铸造残渣、毛刺已清理和修整；安装面、安装孔内无残留的铁屑和残渣；拖板背面的润滑管路、接头等附件均已安装、检查完成。

（2）用压缩空气、抹布、卫生纸等清洁拖板的导轨滑块安装面或滑动导轨接合面。

（3）在床身上安放 4 只千斤顶，千斤顶应尽可能位于拖板的四角，千斤顶的顶面应高于床身上 Y 轴导轨滑块安装面或滑动导轨面。

（4）用起吊设备将拖板搁置到千斤顶上，调整拖板、Y 轴导轨滑块的位置，保证 Y 轴导轨滑块或滑动导轨面能够与拖板准确配合。

（5）在 Y 轴直线导轨滑块上放置调整块，调节千斤顶，将拖板缓慢放置到 Y 轴导轨滑块上，然后以滑块的侧向定位面为基准固定滑块；滑动导轨可直接放置到工作台上，并通过压板、镶条固定。

（6）用等高块、大理石平尺、水平仪，按照与床身 Y 轴导轨安装面检查同样的方法，检查拖板上的 X 轴导轨安装面或滑动导轨面的直线度、扭曲度。确认导轨安装面或滑动导轨面的全长直线度误差不超过 0.02 mm、任意 300 mm 长度上的误差不超过 0.005 mm；全长扭曲度误差不超过 0.03 mm、任意 500 mm 长度上的误差不超过 0.01 mm。超差时，应对滑块调整垫、拖板进行修磨、铲刮、返修等处理后，重新安装和测量检查。

（三）Y 轴丝杠装配与调整

（1）将 Y 轴螺母座初步固定到拖板上，并在螺母座上安装端面定位的螺母座检测芯棒、用连接螺钉固定芯棒。

（2）将千分表（或百分表）固定到床身上，拖动拖板，检查螺母座检测芯棒的上母线、侧母线平行度，保证 150 mm 长度上的上母线、侧母线平行度不超过 0.01 mm。超差时，应对螺母座进行安装位置调整、安装面铲刮等处理后，重新安装和测量检查。

（3）在电动机座上安装检测芯棒，并将测量表固定在电动机座检测芯棒上，测头与螺母座检测芯棒外圆接触，缓慢转动电动机座的检测芯棒，检查 2 根芯棒的同轴度，误差超过 0.01 mm 时，应对螺母座进行安装位置调整、安装面铲刮等处理后，重新安装和测量检查。

（4）紧固螺母座的连接螺钉，并配作定位销孔、安装定位销。

（5）将滚珠丝杠插入螺母座内孔，并按进给传动系统结构要求，安装轴承、隔套、锁紧螺母等件后，将 Y 轴丝杠安装到电动机座和辅助支承座上。安装完成后，检查丝杠是否转动灵活、负载均匀。

（6）将千分表安装到拖板上，拖动拖板、旋转丝杠，复查滚珠丝杠的径向跳动以及上母线、侧母线的平行度，保证丝杠的径向跳动、母线平行度不超过 0.03 mm。

（7）旋转丝杠螺母，使之与螺母座端面完全啮合后，安装螺母连接螺钉、紧固螺母和螺母座。

（8）利用套筒扳手等工具，手动旋转丝杠，检查丝杠是否转动灵活、负载均匀、拖板运动平稳；并调整锁紧螺母、预紧丝杠，使得丝杠轴向窜动小于 0.01 mm。

三、X 轴传动部件及工作台装配调整

立式数控镗铣床的 X 轴进给传动部件主要安装在拖板上，运动部件为工作台，其装配调整通常在 Y 轴装配完成后进行。X 轴传动部件装配前，应在 Y 轴导轨、丝杠、支承座等部件上覆盖保护装置，工作时不得踩踏、碰撞 Y 轴导轨、丝杠等传动部件。

X 轴传动部件及工作台装配调整的一般方法如下。

（一）X 轴导轨装配与调整

X 轴滑动导轨直接加工在拖板上，只需要进行导轨的检查。使用直线导轨的机床导轨装配与调整方法如下。

（1）用等高块、大理石平尺、千分表复查拖板两侧直线导轨安装面或滑动导轨面的直线度、扭曲度，确认误差不超过允差；否则，需要再次对拖板进行铲刮。

（2）按照项目三任务三的方法与步骤，完成直线导轨的安装。

（3）用等高块、大理石平尺、千分表，按照与 Y 轴导轨检查同样的方法，分别检查 X 轴两侧导轨的上表面、侧面的直线度。确认导轨上表面和侧面的全程直线度误差不超过 0.02 mm、任意 300 mm 长度上的误差不超过 0.006 mm。超差时，应对直线导轨安装面、侧定位面或滑动导轨面、侧面进行铲刮、返修等处理后，重新安装和测量检查。

（4）用红丹对直线导轨的滑块安装面或滑动导轨面上色，按照与 Y 轴导轨检查同样的方法，通过方筒研磨检查导轨垂直方向、对角线方向的平行度。如滑块安装面（或滑动导轨面）的去色面积小于 80%，应对直线导轨安装面或滑动导轨面进行铲刮、返修等处理后，重新安装和测量检查。

（二）工作台预装与调整

工作台是 X 轴的运动部件，带动工作台运动的 X 轴螺母座安装在工作台的背面（底面），它需要以工作台背面的直线导轨滑块或滑动导轨的侧向定位面为基准，进行事先装配。因此，轴螺母座装配前，需要通过工作台预装，保证工作台的直线导轨滑块或滑动导轨的侧向定位面装配正确。工作台预装与调整步骤如下。

（1）外观检查，确认工作台无铸造及加工缺陷，铸件的全部表面加工均已完成；铸造残渣、毛刺等已清理修整；安装面、安装孔内无残留的铁屑和残渣；工作台背面的润滑管路、接头等附件均已安装、检查完成。

（2）在拖板上安放 4 只千斤顶，千斤顶应尽可能位于拖板的四角，千斤顶的顶面应高于床身上 X 轴导轨滑块安装面（或滑动导轨面）。

（3）用起吊设备将工作台搁置到千斤顶上，调整工作台、X 轴导轨滑块位置，保证 X 轴导轨滑块（或滑动导轨面）能够与工作台准确贴合。

（4）调节千斤顶，将工作台缓慢放置到 X 轴导轨滑块上，以滑块的侧向定位面为基准固定滑块。滑动导轨可直接放置到工作台上，并用压板、镶条定位工作台。

（5）如图 1−3−5 所示，在工作台上放置大理石方尺（或角尺），并将表座固定在床身上，测量表与方尺的侧边（位置 B）接触；然后，沿 Y 方向移动拖板，调整方尺，使侧边（位置 B）与 Y 轴平行。

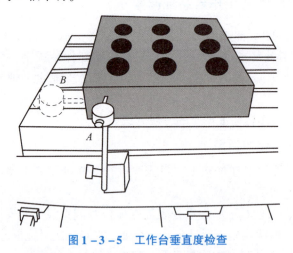

图 1−3−5　工作台垂直度检查

（6）将测量表座固定到拖板上，然后沿 X 轴拖动工作台，检查 X 轴运动轴线与 Y 轴的垂直度，确认 500 mm 长度上的垂直度误差不超过 0.015 mm。超差时，应对直线导轨滑块或滑动导轨的侧向定位面进行修磨、铲刮等处理后，重新安装和测量检查。

（7）将测量表座固定在拖板上；测头与工作台 T 形槽的侧面接触，检查 T 形槽与轴的平行度，确认 500 mm 长度上的平行度误差不超过 0.015 mm。超差时，应对 T 形槽进行修磨、铲刮等处理后，重新测量检查。

（8）松开直线导轨滑块或滑动导轨压板、镶条，用千斤顶顶起工作台后，再用起吊设备移出工作台，进行下一步的 X 轴螺母座装配。

（三）X 轴螺母座装配与调整

X 轴螺母座的安装调整部位均位于工作台的背面，螺母座安装需要在工作台正式装配前完成。X 轴螺母座装配调整的一般方法如下。

（1）确认工作台已完成预装，直线导轨滑块或滑动导轨的侧向定位面已和 Y 轴垂直。

（2）清理螺母座的铸造残渣、修理毛刺，并用压缩空气吹净，保证安装面、安装孔内无残留的铁屑和残渣。

（3）将工作台翻转后，搁置到合适的平台上，并保证台面不受损伤。

（4）将螺母座初步固定到工作台上，并在螺母座上安装端面定位的螺母座检测芯棒、用连接螺钉将芯棒固定在螺母座的螺母安装端面上。

（5）以直线导轨滑块或带动导轨的侧向定位面为基准，安放检测方筒，并保证方筒与基准面紧贴。

（6）将千分表安装在检测方筒上，表座需要同时用方筒的顶面、侧面进行定位。移动表座，分别检查螺母座检测芯棒侧母线、上母线的平行度，确认 150 mm 长度上的误差不超过 0.01 mm。超差时，应对螺母座进行位置调整、安装面铲刮、返修等处理后，重新安装和测量检查。

（7）紧固螺母座的连接螺钉，并配作定位销孔、安装定位销。

（四）工作台装配与调整

（1）在 X 轴导轨滑块安装面上安放调整垫，用起吊设备、千斤顶再次将安装好螺母座的工作台搁置到 X 轴导轨滑块（或导轨）上，并以滑块的侧向定位面为基准固定滑块；滑动导轨可直接放置在工作台上，并通过压板、镶条定位。

（2）复查 T 形槽与 X 轴的平行度，确认 500 mm 长度上的平行度误差不超过 0.015 mm。

（3）将测量表固定在床身上，测头与台面接触，沿 X、Y 方向移动工作台和拖板，检查台面 X、Y 向平行度。台面中间允许凹、不许凸，否则，应进行台面铲刮、返修等处理。

（4）分别在台面的 X、Y 方向放置大理石平尺，将测量表固定在床身上，测头与平尺上表面接触。沿 X、Y 方向移动工作台和拖板，检查台面 X、Y 向平行度，确认平行度误差不超过 0.01 mm。超差时，应对直线导轨滑块上的调整垫进行修磨、台面铲刮、返修等处理后，重新安装和测量检查。

（5）紧固导轨滑块连接螺钉，固定导轨滑块和工作台。

（五）X 轴支承座装配与调整

支承 X 轴滚珠丝杠的电动机座、辅助支承座安装在拖板上，由于 X 轴螺母座已事先安装完成，因此，它们一般需要以螺母座为基准进行装配调整，其方法如下。

（1）清理电动机座、辅助支承座的铸造残渣、修理毛刺，并用压缩空气吹净，保证安装面、安装孔内无残留的铁屑和残渣。

（2）将电动机座安装到拖板上，并初步固定；在电动机座定位内孔上安装检测芯棒，芯棒应与定位孔配合良好、松紧恰当。

（3）用与 Y 轴支承座装配、调整同样的方法，检查电动机座芯棒径向跳动。确认在靠近支承端处的径向跳动小于 0.007 mm、距离支承端 300 mm 处的径向跳动小于 0.015 mm。超差时，应进行电动机座位置调整、安装面铲刮等处理。

（4）用与 Y 轴支承座装配、调整同样的方法，检查电动机座芯棒侧母线、上母线的平行度，确认 150 mm 长度上的误差不超过 0.01 mm。超差时，应进行电动机座位置调整、支承座安装面铲刮、返修等处理。

（5）在螺母座上安装端面定位的螺母座检测芯棒，并用连接螺钉将芯棒固定在螺母座的螺母安装端面上；然后将测量表固定在电动机座检测芯棒上，测头与螺母座检测芯棒外圆接触，缓慢转动电动机座的检测芯棒，检查 2 根芯棒的同轴度，误差应不超过 0.01 mm。超差时，应进行支承座位置调整、支承座安装面铲刮、返修等处理。

（6）紧固电动机座的连接螺钉，并配作定位销孔、安装定位销。

（7）用与电动机座装配调整同样的方法，安装辅助支承座；检查辅助支承座芯棒侧母线、上母线的平行度，以及辅助支承座芯棒与螺母座检测芯棒间的同轴度；确认 150 mm 长度上的母线平行度误差不超过 0.01 mm，芯棒间的同轴度误差不超过 0.01 mm。超过时，应进行辅助支承座调整、调整垫修磨、安装面铲刮等处理。

（8）用与 Y 轴支承座装配调整同样的方法，检查电动机座芯棒与辅助支承座芯棒的侧母线等距和上母线等高度，保证误差不超过 0.01 mm。超差时，应进行辅助支承座调整、调整垫修磨、安装面铲刮等处理。

（9）紧固辅助支承座的连接螺钉，并配作定位销孔、安装定位销。

（六）X 轴丝杠装配与调整

（1）将滚珠丝杠插入螺母座内孔，并按进给系统结构要求，安装轴承、隔套、锁紧螺母等件后，将 X 轴丝杠安装到电动机座和辅助支承座上。安装完成后，检查丝杠是否转动灵活、负载均匀。

（2）将千分表安装到工作台上，拖动工作台、旋转丝杠，复查滚珠丝杠的径向跳动以及上母线、侧母线的平行度。保证丝杠的径向跳动、母线平行度不超过 0.03 mm。

（3）旋转丝杠螺母，使之与螺母座端面完全啮合后，安装螺母连接螺钉、紧固螺母和螺母座。

（4）利用套筒扳手等工具，手动旋转丝杠，检查丝杠是否转动灵活、负载均匀、工作台运动平稳，并调整锁紧螺母、预紧丝杠，使得丝杠轴向窜动小于 0.01 mm。

四、立柱及 Z 轴传动部件装配调整

立柱安装在床身上，它是机床垂直运动部件的支承。立式数控镗床的立柱用来安装 Z 轴进给传动部件，实现主轴箱的上下运动。其装配调整的一般方法如下。

（一）Z 轴导轨装配与调整

为了简化结构、提高精度、增强刚性，Z 轴滚珠丝杠的固定支承座一般直接加工

在立柱顶部，其位置无法改变，因此，它应作为直线导轨装配与调整的基准。Z轴滑动导轨直接加工在拖板上，无须进行导轨的安装。Z轴导轨装配调整的一般方法如下。

（1）外观检查，确认立柱无铸造及加工缺陷，铸件的全部表面加工均已完成；清理铸造残渣、修理毛刺，并用压缩空气吹净，保证安装面、安装孔内无残留的铁屑和残渣。

（2）将立柱导轨安装面朝上搁置到调整垫上，并按照与床身水平调整同样的方法，利用等高块、大理石平尺、水平仪，将立柱的水平调节在0.02 mm/1 000 mm以内。

（3）按与床身轴导轨安装面（导轨面）同样的检查方法，检查两侧导轨安装面或滑动导轨面，确认直线度全长误差不超过0.01 mm、任意300 mm长度上的误差不超过0.005 mm；导轨扭曲度全长误差不超过0.02 mm、任意500 mm长度上的误差不超过0.01 mm。超差时，应进行导轨安装面或滑动导轨面的铲刮、返修等处理。

（4）按照项目三任务三的方法与步骤，完成Z轴直线导轨的安装。

（5）按照与Y轴导轨检查同样的方法，分别检查Z轴两侧导轨的上表面、侧面的直线度。确认导轨上表面和侧面的全程直线度误差不超过0.02 mm、任意300 mm长度上的误差不超过0.006 mm。超差时，应对直线导轨安装面、侧定位面或滑动导轨面、侧面进行铲刮、返修等处理后，重新安装导轨和进行测量检查。

（6）用红丹对直线导轨的滑块安装面或滑动导轨面上色，按照与Y轴导轨检查同样的方法，通过方筒研磨检查导轨垂直方向、对角线方向的平行度。如滑块安装面（或滑动导轨面）的去色面积小于80%，应对直线导轨安装面或滑动导轨面进行铲刮、返修等处理后，重新安装导轨和进行测量检查。

（7）在立柱的Z轴滚珠丝杠固定支承座内孔上安装检测芯棒，芯棒应与内孔配合良好、松紧恰当。

（8）将测量表固定在滑块上，对于滑动导轨，则应同时用顶面、侧面定位表座；移动滑块或表座，检查芯棒侧母线、上母线的平行度，确认150 mm长度上的误差不超过0.01 mm。超差时，应对直线导轨安装面或滑动导轨面进行铲刮、返修等处理后，重新安装导轨和进行测量检查。

（二）立柱预装与调整

（1）检查床身、立柱的安装面，修理毛刺，并用压缩空气吹净，保证安装面、安装孔内无残留的铁屑和残渣。

（2）按与床身Y轴导轨安装面（导轨面）同样的检查方法，检查立柱安装面，确认直线度全长误差不超过0.01 mm、任意300 mm长度上的误差不超过0.005 mm；扭曲度全长误差不超过0.02 mm、任意500 mm长度上的误差不超过0.01 mm。超差时，应对立柱安装面进行铲刮、返修等处理后，重新测量检查。

（3）用红丹对床身上的立柱安装面上色，通过平板研磨检查安装面平行度。如安装面的去色面积小于80%或为中凸状，则应对安装面进行铲刮等处理后，重新测量检查。

（4）用起吊设备将立柱放置到床身上，检查床身与立柱无错位、接合面局部（宽度不超过 5 mm、长度不超过 1/5）间隙不超过 0.03 mm 后，利用连接螺钉初步固定立柱。

（5）在工作台中间放置检测面与 X、Y 轴平行的大理石角尺，将测量表的表座吸在 Z 轴导轨滑块或导轨面（滑动导轨）上、测头接触角尺检测面；在表座贴紧导轨面的情况下，上下移动测量表，分别检查 Z 轴导轨 X、Y 方向的垂直度，确认 500 mm 长度上的误差在 0.02 mm 以内。超差时，应对立柱进行安装位置调整、安装面铲刮、返修等处理后，重新安装立柱和测量检查。

（6）紧固立柱和床身的连接螺钉，并配作定位销孔、安装定位销。

（7）预装完成后，再用起吊设备移出立柱，进入下一步的装配。

（三）主轴箱预装与调整

主轴箱是 Z 轴运动部件，它安装在 Z 轴导轨上，并通过螺母座与 Z 轴滚珠丝杠连接；装配到立柱的主轴箱应是部装完成后的总装。主轴箱与立柱的装配调整步骤如下。

（1）将预装完成的立柱重新搁置到调整垫上，并调整水平。

（2）利用起吊设备、千斤顶等，将主轴箱安装到直线导轨滑块上，并以滑块的侧向定位面为基准固定滑块。滑动导轨可直接放置工作台，并通过压板、镶条定位。

（3）在主轴箱的主轴锥孔上安装检测芯棒，并用拉钉拉紧、固定芯棒。

（4）将测量表固定在立柱上，拖动主轴箱，检查芯棒侧母线、上母线的平行度，确认 150 mm 长度上的误差不超过 0.01 mm。超差时，应对主轴箱的直线导轨滑块安装面或滑动导轨接合面进行铲刮、返修等处理后，重新安装和测量检查。

（5）用起吊设备、千斤顶等，将主轴箱从立柱上取下后，利用与 X 轴螺母座装配调整同样的方法，以直线导轨的滑块安装面或滑动导轨接合面为基准，完成 Z 轴螺母座的初步安装；并检查螺母座检测芯棒侧母线、上母线的平行度，确认 150 mm 长度上的误差不超过 0.01 mm。

（6）再次将主轴箱安装到立柱导轨上，并在螺母座上安装、固定端面定位的螺母座检测芯棒。

（7）在立柱的 Z 轴滚珠丝杠固定支承座内孔上安装检测芯棒，将测量表固定在支承座检测芯棒上，测头与螺母座检测芯棒外圆接触，缓慢转动电动机座的检测芯棒，检查 2 根芯棒的同轴度，误差应不超过 0.01 mm。超差时，应将主轴箱从立柱上取下，对螺母座安装位置、安装面、调整垫进行修磨、铲刮、返修等处理后，重新安装和测量螺母座。

（8）将主轴箱从立柱上取下，紧固螺母座的连接螺钉，并配作定位销孔、安装定位销，固定螺母座。

（四）Z 轴丝杠装配与调整

（1）将螺母座安装、调整完成的主轴箱再次安装到立柱上。

（2）按照与 Y 轴辅助支承座安装同样的方法，完成 Z 轴辅助支承座安装，并检查固定支承座芯棒与辅助支承座芯棒间的侧母线等距度和上母线等高度，保证误差不超过 0.01 mm。超差时，应对辅助支承座进行位置调整、调整垫修磨、安装面铲刮等处理后，重新安装和测量检查。

（3）将滚珠丝杠插入主轴箱螺母座内孔，并按进给传动系统结构要求，安装轴承、隔套、锁紧螺母等件后，将 Z 轴丝杠安装到固定支承座和辅助支承座上。安装完成后，检查丝杠是否转动灵活、负载均匀。

（4）将千分表安装到主轴箱上，拖动主轴箱、旋转丝杠，复查滚珠丝杠的径向跳动以及上母线、侧母线的平行度。保证丝杠的径向跳动、母线平行度不超过 0.03 mm。

（5）旋转丝杠螺母，使之与螺母座端面完全啮合后，安装螺母连接螺钉、紧固螺母和螺母座。

（6）利用套筒扳手等工具，手动旋转丝杠，检查丝杠是否转动灵活、负载均匀、主轴箱运动平稳，并调整锁紧螺母、预紧丝杠，使得丝杠轴向窜动小于 0.01 mm。

（五）立柱装配

（1）安装机床运输时的主轴箱运输保护装置，将主轴箱与立柱固定为一体。

（2）用起吊设备将立柱（连同主轴箱）重新安装到床身上，安装定位销、紧固连接螺钉，完成立柱装配。

（3）安装立柱上的重力平衡装置支架、导向轮（或链轮），以及主轴箱侧的吊环、钢丝绳（或链条）等件，保证两侧导向轮轴线平行、轴向位置一致。

（4）用起吊设备将重力平衡块放入立柱框内的合适位置，安装好平衡块侧的吊环、连接钢丝绳（或链条）后，再将平衡块缓缓放至钢丝绳（或链条）张紧位置，调整吊环螺钉，使平衡块保持水平（目测）。

（5）取下主轴箱保护部件，利用套筒扳手等工具，手动旋转丝杠，检查丝杠是否转动灵活、负载均匀、主轴箱运动平稳；平衡块是否无碰撞、钢丝绳（或链条）运动顺畅。

项目二　数控系统参数设置

知识树

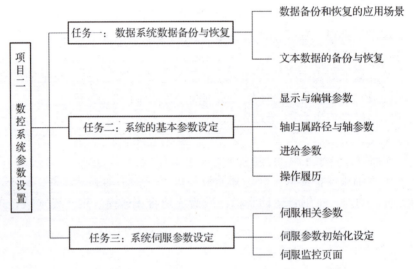

学习目标：

1. 能够掌握文本文件的备份与恢复。
2. 能够掌握全数据备份操作。
3. 掌握基本参数的设定方法。
4. 能够对软限位轴参数进行正确设定。
5. 掌握伺服初始化的步骤。
6. 掌握伺服系统基础参数的设定方法。
7. 熟悉伺服监控页面的进入方法。
8. 掌握伺服监控页面各状态信息的含义。
9. 能够根据掌握的技能，有效解决工作中实际问题或难题的能力。
10. 具备创新创效创业意识。

项目描述：

　　对数控系统参数的设定，首先应该掌握相关参数的设置和修改；在进行参数的设置与修改时，需要掌握参数设定页面的使用方法。其次，能够根据现场情况，使用存储设备进行各类数据的备份与恢复。要对伺服驱动装置进行故障诊断与维修，要理解伺服系统的控制原理与硬件知识，并且能对伺服系统的初始化和相关参数进行设定。

1. 简述数控系统各类数据的备份与恢复步骤。
2. 熟悉数控系统相关参数的设置与修改。
3. 掌握伺服初始化相关参数、参数含义及计算方法。

项目分析：

本项目主要学习数控系统的各类数据的备份与恢复、系统基本参数设定、伺服相关的参数含义和计算方法。通过本项目的学习，学生能够对各类数据进行备份与恢复、对系统基本参数进行修改和设定、对伺服系统的初始化和相关参数进行设定。

任务一　数控系统数据备份与恢复

一、数据备份和恢复的应用场景

（1）数控机床操作误删程序导致 NC 程序丢失、CNC 参数丢失、PLC 程序丢失、螺距补偿参数丢失等，需要恢复 SRAM 数据。

（2）数控机床长时间不使用，电池没电并且没有及时更换导致数据丢失，需要恢复 SRAM 或 FROM 数据。

（3）数控系统更换了系统主板后，需要进行 SRAM 数据的恢复。

（4）数控系统更换了存储板后，需要进行 SRAM + FROM 用户数据的恢复。

（5）常用数控系统参数文件：系统参数、刀具补偿、坐标系、螺距补偿、宏变量等。

二、文本数据的备份与恢复

在数控系统的正常页面中，加工程序、备份的参数、宏变量等文件以文本格式进行输出（PLC 程序、I/O 配置除外），可以在计算机上进行编辑、修改。编辑和修改过程中，不能破坏文件的原有格式，否则，数控系统不会识别。备份文件的文件名可以自定义，以方便记忆。

（一）加工程序的备份与恢复

在系统页面下，加工程序进行备份与恢复。既可以是单个加工程序，也可以是所有加工程序。

1. 单个加工程序的备份与恢复

（1）首先进入程序页面，如图 2 - 1 - 1 所示，在编辑模式下，按"目录"键，选择列表页面，如图 2 - 1 - 2 所示。

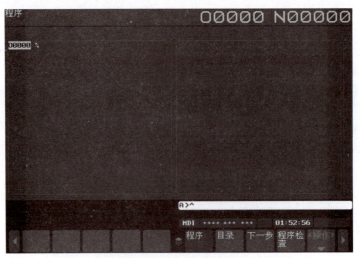

图 2 - 1 - 1　程序页面

图 2-1-2　目录列表页面

（2）按下"操作"键，进入操作页面，如图 2-1-3 所示。继续按下"▶"键，出现如图 2-1-4 所示页面，再按下"输出"键，进入"输出"页面，如图 2-1-5 所示。

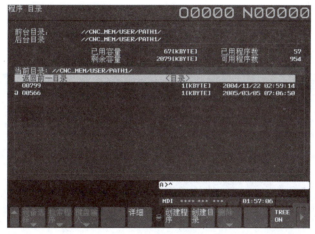

图 2-1-3　操作页面（1）

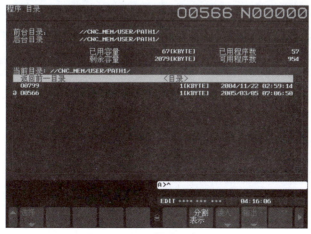

图 2-1-4　操作页面（2）

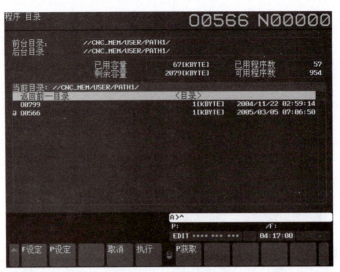

图2-1-5 输出页面

(3) 将光标移动至需备份的程序，如图2-1-6所示，先按下"P获取"键，再按下"P设定"键，输入备份的文件名后，按下"F设定"键，然后按下"执行"键，输出备份程序。如果以系统程序名作为文件名，按"F设定"键后，输入备份的文件名可以留空，直接按"执行"键，输出文件即可。

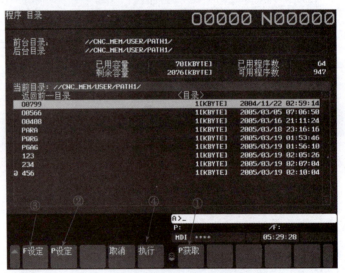

图2-1-6 输出文件

"P设定"：指定要进行备份的程序文件名称，如：备份 O0111 文件。

"F设定"：备份文件保存至存储设备所显示的文件名称，如：ATA。

▲ 若备份当前目录里全部 NC 程序，输入 0~9999，按"P设定"键，执行后以默认文件名称 ALL - PROG. TXT 输出至存储设备。

(4) 读入程序时，进入程序页面，按照上述步骤操作，在如图2-1-7所示页面按下"设备选择"键，进入如图2-1-8页面，按下"USB"键，显示 USB 文件列表。

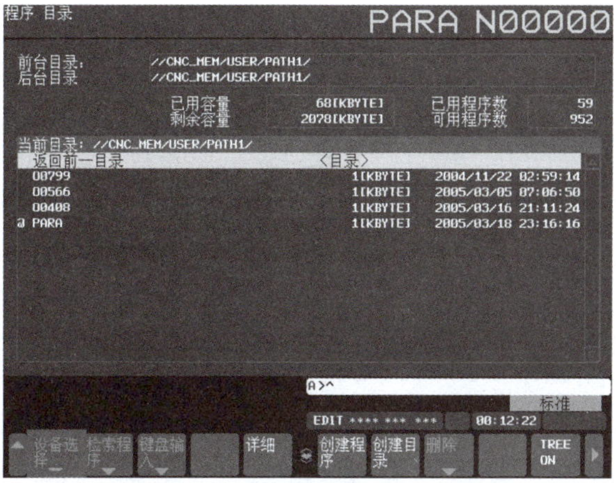

图 2 - 1 - 7 程序页面操作（1）

图 2 - 1 - 8 程序页面操作（2）

（5）在图 2 - 1 - 9 所示页面中，按下"▶"键，移动光标至输入的文件，按"读入"键，弹出如图 2 - 1 - 10 所示页面。在图 2 - 1 - 10 所示页面中，按下"读入"键，完成程序的输入。

图 2 - 1 - 9 USB 存储器文件列表（1）

图 2 - 1 - 10   USB 存储器文件列表 (2)

2. 所有加工程序的备份与恢复

前面 0 ~ 9999 仅代表前台路径下的所有加工程序，而这里所指的"所有加工程序"代表所有文件下的加工程序，其备份和恢复操作如下。

（1）按下操作面板上的"SYSTEM"功能键，然后按"▶"键，向右扩展，找到"所有 IO"页面，如图 2 - 1 - 11 所示，按"所有 IO"键，弹出如图 2 - 1 - 12 所示页面。

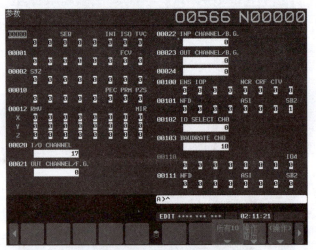

图 2 - 1 - 11   "所有 IO"页面

（2）在图 2 - 1 - 12 所示页面中按"操作"键，然后按"▶"键，向右扩展，找到"全部输出"页面，如图 2 - 1 - 13 所示。按"全部输出"键，出现如图 2 - 1 - 14 所示页面。

（3）在图 2 - 1 - 14 所示页面中按"F 名称"键，设定所有加工程序备份文件的文件名，如：ALL - PROG。

（4）按"执行"键，全部目录里的所有加工程序备份到存储设备。

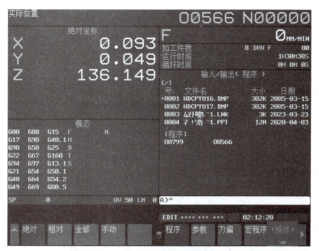

图 2 − 1 − 12　实际位置（1）

图 2 − 1 − 13　实际位置（2）

图 2 − 1 − 14　实际位置（3）

（5）所有加工程序的恢复。按加工程序的备份操作步骤，当出现"全部输出"页面时，按下"全部输入"键，出现如图 2-1-15 所示窗口，输入所有加工程序的文件名。按下"执行"键，即完成了所有加工程序的恢复。

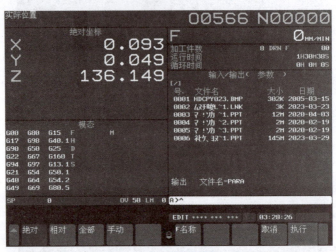

图 2-1-15　实际位置（4）

（二）数控系统参数的备份与恢复

（1）系统参数页面下的备份与恢复。按下操作面板上的"SYSTEM"键，进入参数页面，按照"操作"键→"输出"键→"执行"键的步骤进行，如图 2-1-16 所示，系统参数文件默认名称为 CNC-PARA. TXT。如果输入参数时，进入该页面后，按下"读入"键即可，如图 2-1-17 所示。

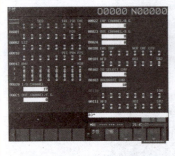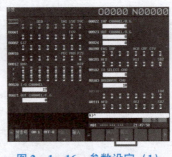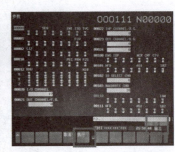

图 2-1-16　参数设定（1）

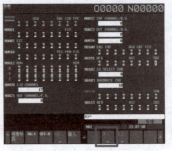

图 2-1-17　参数设定（2）

（2）"所有 IO"页面下的参数备份与恢复。按下操作面板上的"SYSTEM"键，进入参数页面，按照"▶"键→"所有 IO"键→"参数"键→"操作"键→"输出"键的步骤进行，如图 2-1-18 所示，可输出参数文件。选择输出时，可设定参数备份文件的文件名。输入文件名并按"F 名称"键→"执行"键，如图 2-1-19 所示。如不进行文件名称设定，以系统默认名称输出参数文件。如果恢复"所有 IO"页面下的参数，按照"▶"键→"所有 IO"键→"参数"键→"操作"键的步骤进行，按"F 读取"或"N 读取"键，进入如图 2-1-20 所示，并输入相应的文件号（选"F 读取"时）或文件名（选"N 读取"时），按"执行"键可输入参数文件。

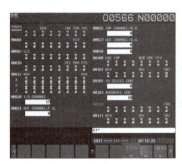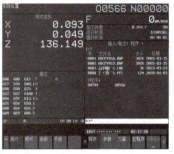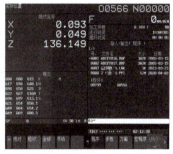

图 2-1-18　参数设定（3）

图 2-1-19　输入文件名

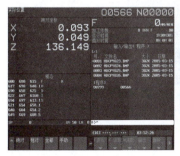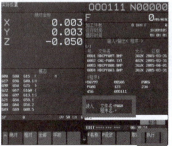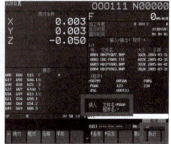

图 2-1-20　输出参数文件

（三）PLC 数据的备份与恢复

PLC 数据包括存储卡在 FROM 中的 PLC 程序、I/O 配置信息和存储在 SRAM 中的 PLC 参数（定时器、计数器、K 参数、数据表），这部分数据的备份和恢复可通过 PLC

功能键下的"所有IO"页面。

（1）按操作面板上的"SYSTEM"功能键，进入参数页面，按"▶"键→"PMC维护"键→"所有IO"键，进入PMC的"I/O"页面，如图2-1-21所示。在此页面中，依次选择外部"装置""功能""数据类型"。

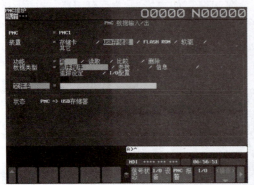

图2-1-21　PMC的"I/O"页面

（2）按"新建文件名"键，系统检索存储卡生成文件名，或在"文件名"栏中直接输入文件名。

（3）按"执行"键，在存储卡中会保存数据文件，例如，梯形图文件"PMC1_LAD.×××"（×××为检索后生成的序号）。

（4）执行PLC程序恢复时，在执行存储卡读取之后，需执行"FLASH ROM"，再选择"写"，如图2-1-22所示，完成PLC程序的固化操作，否则，关机后输入的PLC程序会丢失。

图2-1-22　完成PLC程序的固化操作

（四）全部数据输出

通过一次操作完成全部数据的输出。所谓全部数据，代表SRAM区全部数据，以及FROM用户的数据，例如，PLC程序、二次开发软件等。SRAM区的数据输出格式包括打包型输出以及文本数据的输出。为了切实进行备份，本功能在输出设备中存在同名文件时，全部进行覆盖保存，因此，在执行功能之前，建议用户对输出设备进行格式化处理。

（1）通过 NC 数据输出操作，可以向存储卡和 USB 外部设备输出如下数据：

①文本数据（文本格式的参数以及程序等）。

②SRAM 数据。

③用户文件（PLC 梯形图程序等用户创建的文件）。

（2）全部数据输出的操作步骤：

①打开系统，在 OFFSET 页面下，打开写参数开关，设置参数 313#0 = 1（数据输出功能有效）。

②使用 CF 卡进行备份。插入 CF 卡，当参数 20 设为 4 时，为 CF 卡；当参数 20 设为 17 时，为 USB 存储器。

③参数 138#0 = 1（多路径系统时对文本文件的扩展名附加路径号）。

④解除急停状态，NC 置于 EDIT 方式。

⑤按下"SYSTEM"键，向右扩展，找到"所有 IO"，扩展，找到全部数据，按"操作""输出"键，选择需要输出的文本数据或 SRAM 数据和用户文件。

⑥文本数据输出过程中，进度条上显示进展情况，如图 2 – 1 – 23 所示。

图 2 – 1 – 23　进度条上显示进展情况

⑦文本数据输出过程中，信息栏显示断电重启，如图 2 – 1 – 24 所示。

图 2 – 1 – 24　断电重启

⑧重启后，输出 SRAM 数据和用户文件，如图 2 – 1 – 25 所示。

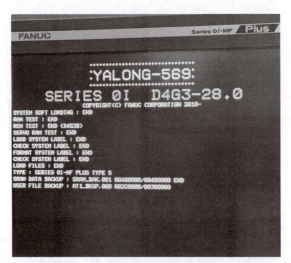

图 2 – 1 – 25　输出 SRAM 数据和用户文件

⑨输出全部完成后，查看存储卡里的文件，如图 2 – 1 – 26 所示。

图 2 – 1 – 26　查看存储卡里的文件

任务二　系统的基本参数设定

一、显示与编辑参数

（1）参数 No. 3105 输入类型为参数输入，数据类型为位路径型。可以设置是否显示实际速度、是否将 PLC 控制轴的移动添加至实际速度显示、是否显示主轴转速。

	#7	#6	#5	#4	#3	#2	#1	#0
参数 3105						DPS		DPF

#0 位参数 DPF 表示是否显示实际速度。该位为 0 时，表示不予显示；该位为 1 时，表示予以显示。

#2 位参数 DPS 表示是否显示主轴倍率值。该位为 0 时，表示不显示；该位为 1 时，表示显示。

（2）参数 No. 3106 输入类型为设定输入，数据类型为位路径型。可以设置是否显示实际速度、是否将 PLC 控制轴的移动添加至实际速度显示、是否显示主轴转速。

	#7	#6	#5	#4	#3	#2	#1	#0
参数 3106			SOV	OPH				

#0 位参数 OPH 表示是否显示操作履历画面。该位为 0 时，表示不予显示；该位为 1 时，表示予以显示。

#2 位参数 SOV 表示是否显示主轴转速。该位为 0 时，表示不显示；该位为 1 时，表示显示。

（3）参数 No. 3108 输入类型为参数输入，数据类型为位路径型。

	#7	#6	#5	#4	#3	#2	#1	#0
参数 3108	JSP	SLM						

#6 位参数 SLM 表示在当前位置显示页面上，显示主轴速度 S 时（参数 DSP（No. 3105 #2）＝1），是否显示主轴负载表。该位为 0 时，表示不显示；该位为 1 时，表示显示。

#7 位参数 JSP 表示是否在当前位置显示页面和程序检查页面上显示 JOG 进给速度或者空运行速度，该位为 0 时，表示不显示，该位为 1 时，表示显示。

手动运行方式时，显示第 1 轴的 JOG 进给速度；自动运行方式时，显示空运行速度。两者都显示应用了手动进给速度倍率的速度。

（4）参数 No. 3111 输入类型为设定输入，数据类型为位路径型。设置伺服页面、伺服电动机的显示、主轴页面的调整等。

	#7	#6	#5	#4	#3	#2	#1	#0
参数 3111	NPA	OPS	OPM				SPS	SVS

#0 位参数 SVS 表示是否进行伺服设定页面、伺服电动机设定画面的显示，该位为 0 时，表示不进行；该位为 1 时，表示进行。

#1 位参数 SPS 表示是否进行主轴调整页面的显示，该位为 0 时，表示不进行；该位为 1 时，表示进行。

#5 位参数 OPM 表示是否进行操作监视显示，该位为 0 时，表示不进行；该位为 1 时，表示进行。

#6 位参数 OPS 表示操作监视页面的速度表上的速度显示，该位为 0 时，表示显示出主轴电动机速度；该位为 1 时，表示显示出主轴速度。

#7 位参数 NPA 表示是在报警发生时以及操作信息输入时切换到报警/信息页面，该位为 0 时，表示切换；该位为 1 时，表示不切换。

二、轴归属路径与轴参数

（一）各轴归属路径参数 No. 0981

此参数输入类型为参数输入，数据类型为字节轴型。在最大控制轴数范围内，各路径的控制轴在参数 No. 0981 中设定。设定此参数后，需要暂时切断电源，输入类型为参数输入，数据类型为字节轴型，数据范围为 1 至最大路径数，设定为 0 时，视为属于第 1 路径。

参数　　　　　　0981　　　　　　各轴归属路径号

例：总控制轴数为 6，两个路径各控制 3 个轴的设定，设定方法见表 2 - 2 - 1。

表 2 - 2 - 1　轴归属路径参数设定方法

轴编号	路径	轴	参数 No. 0981 设定值
1		1	1
2	1	2	1
3		3	1
4		1	2
5	2	2	2
6		3	2

（二）主轴归属路径参数 No. 0982

此参数输入类型为参数输入，数据类型为字节主轴型。设定此参数后，需要暂时切断电源，输入类型为参数输入，数据类型为字节轴型，数据范围为 1 至最大路径数，设定为 0 时，视为属于第 1 路径。

参数　　　　　　0982　　　　　　各主轴归属路径号

例：2 条路径控制下，对第 1 路径分配 1 个主轴，对第 2 路径分配 1 个主轴的情形见表 2 - 2 - 2。

表 2 - 2 - 2　主轴归属路径参数设定

参数 No. 0982 设定值	适用
1	第 1 路径，第 1 主轴
2	第 2 路径，第 1 主轴

（三）控制轴数

参数	控制轴数	0987

此参数输入类型为参数输入，数据类型为字节型。设定范围为 1 至最大控制轴数。

设定参数值为 0 时，铣床（M）系列将控制轴数默认为 3；车床（T）系列将控制轴数默认为 2。

（四）控制主轴数

参数	0988	控制主轴数

此参数输入类型为参数输入，数据类型为字节型。设定范围为 1 至最大控制主轴数。

设定此参数值为 0 时，将控制主轴数默认为 1。要将控制主轴数设定为 0，则本参数设定为 -1。

（五）轴属性参数的认知

1. 轴设定单位参数 No. 1013

该参数输入类型为参数输入，数据类型为位轴型，设定后需切断电源。

	#7	#6	#5	#4	#3	#2	#1	#0
参数 1013							ISCx	ISAx

设定值为 0 时不使用；设定值为 1 时使用。默认为 IS – B 单位（0.001 mm）。详细设定方法见表 2 – 2 – 3。

表 2 – 2 – 3 轴设定单位参数

设定单位	#1 ISC	#0 ISA
IS – A	0	1
IS – B	0	0
IS – C	1	0

2. 轴名称参数 No. 1020

该参数输入类型为参数输入，数据类型为字节轴型，数据输入范围为 65 ~ 67、85 ~ 90。

轴名称（第 1 轴名称，参数 No. 1020）可以从 A、B、C，U、V、W，X、Y、Z 中任意选择（车床系统中 G 代码体系 A 的情形下不可使用 U、V、W）。

参数	1020	各轴的轴名称

X 轴为 88 U 轴为 85 A 轴为 65
Y 轴为 89 V 轴为 86 B 轴为 66
Z 轴为 90 W 轴为 87 C 轴为 67

3. 轴名称扩展参数

当 EEA（No. 1000#0）= 1 即扩展轴名称有效时，可以通过设定第 2 轴名称（参数 No. 1025）、第 3 轴名称（参数 No. 1026），将轴名称最多扩展为 3 个字符，见表 2 - 2 - 4。

	#7	#6	#5	#4	#3	#2	#1	#0
参数 1000		OTS						EEA

扩展轴名功能：EEA 为 0 时，不使用扩展轴名功能；EEA 为 1 时，使用扩展轴名功能。

参数	1025	各轴的第 2 程序轴名称
参数	1026	各轴的第 3 程序轴名称

表 2 - 2 - 4　各轴的第 2 轴或第 3 轴名称与参数值的关系

轴名称	参数值	轴名称	参数值	轴名称	参数值	轴名称	参数值	轴名称	参数值	轴名称	参数值
0	48	6	54	C	67	I	73	O	79	U	85
1	49	7	55	D	68	J	74	P	80	V	86
2	50	8	56	E	69	K	75	Q	81	W	87
3	51	9	57	F	70	L	76	R	82	X	88
4	52	A	65	G	71	M	77	S	83	Y	89
5	53	B	66	H	72	N	78	T	84	Z	90

如果未设定第 2 轴名称，则第 3 轴名称无效。

4. 轴属性参数 No. 1022

该参数输入类型为参数输入，数据类型为字节轴型。设定各轴为基本坐标系的哪一个轴或其平行轴。参数输入为字节轴型输入，输入范围为 0~7，见表 2 - 2 - 5。

参数	1022	设定各轴为基本坐标系的哪个轴

G17 为 X_pY_p 平面，G18 为 Z_pX_p 平面，G19 为 Y_pZ_p 平面。

表 2 - 2 - 5　轴属性参数设定

设定值	含义
0	旋转轴（既非基本轴，也非平行轴）
1	基本 3 轴的 X 轴
2	基本 3 轴的 Y 轴
3	基本 3 轴的 Z 轴

设定值	含义
4	X 轴的平行轴
5	Y 轴的平行轴
6	Z 轴的平行轴

设定错误时，圆弧插补、刀具长度/刀具直径补偿、刀尖圆弧补偿不能正确进行。通常，进行钻孔的轴设定为 Z 轴，回转轴和周边轴设定为 0。

5. 回转轴参数 No. 1006

该参数输入类型为参数输入，数据类型为位轴型。把任一轴当作回转轴使用时，设定该参数。#0 位参数 ROT 为 0 时，表示直线轴，#0 位参数 ROT 为 1 时，表示旋转轴。

		#7	#6	#5	#4	#3	#2	#1	#0
参数	1006								ROT

6. 参数 No. 1008

该参数输入类型为参数输入，数据类型为位轴型。

#0 位参数 ROA 为 0 时，表示绝对坐标旋转轴循环显示功能无效；为 1 时，表示绝对坐标旋转轴循环显示。

#2 位参数 RRL 为 0 时，表示相对坐标系不按每转移动量循环显示；为 1 时，表示相对坐标系按每转移动量循环显示。

		#7	#6	#5	#4	#3	#2	#1	#0
参数	1008						RRL		ROA

7. 参数 No. 1260

参数	1260	旋转轴转动一周的移动量

该参数输入类型为参数输入，数据类型为实数轴型。设定后需切断电源。

在设定中，1 转的移动量设为 360° 时，当旋转轴旋转到 359.999° 时，接着同一方向旋转会回到 0°。

8. 参数 No. 1023

该参数输入类型为参数输入，数据类型为字节轴型。设定后需切断电源。

此参数设定每个控制轴与第几号伺服轴对应。如 1，2，3，4，5，…，77，78 那样，设定 $1+8n$，$2+8n$，$3+8n$，$4+8n$，$5+8n$（$n=0$，1，2，…，9）的值。控制轴号表示轴型参数和轴型机床信号的排列号。

参数	1023	各轴的伺服轴号

三、进给参数

进给参数与快速进给、倍率信号的关系见表 2 - 2 - 6。

表 2 − 2 − 6　进给参数与快速进给、倍率信号的关系

快速进给	基准速度	倍率信号
0	参数 No. 1423	手动进给倍率（JV）（0 ~ 655.34%）
1	参数 No. 1420、No. 1424	快速进给倍率（ROV）（100%、50%、25%、0）

（1）参数 No. 1423。轴手动连续进给（J 进给）时的速度（mm/min）。

参数	1423	每个轴手动连续进给时的进给速度

该参数设定的是手动进给速度的基准速度，需要与倍率信号 *JV 进行相乘，得出的速度为实际手动进给速度。

（2）参数 No. 1420。每个轴快速移动时的速度（mm/min）。

参数	1420	每个轴快速移动时的速度

（3）参数 No. 1421。每个轴快速移动倍率的 F0 速度（mm/min）。

参数	1421	每个轴快速移动倍率的 F0 速度

此参数为每个轴设定快速移动倍率的 F0 速度。

快速移动速度受参数设定的最大值、进给电动机的最高转速、机械性能等因素的限制。在自动运行方式下，程序指令 G00 以及固定循环的定位等，均以此速度移动。

（4）参数 No. 1424。每个轴手动快速移动时的速度（mm/min）。

参数	1424	每个轴手动快速移动时的速度

设定值为 0 时，使用 1420 参数的设定值。

（5）参数 No. 1410。空运行速度（mm/min）。

参数	1410	空运行速度

此参数设定 JOG 进给速度，指定度盘的 100% 位置的空运行速度。数据单位取决于参考轴的设定单位。将本参数设定为 0 时，系统发出报警（PS5009）"进给速度为 0（空运行）"。

（6）参数 No. 1430。每个轴的最大切削进给速度（mm/min）

参数	1430	每个轴的最大切削进给速度

四、操作履历

（一）操作履历页面的作用

操作履历页面可记录操作者执行的键入操作或信号操作、发生的报警等信息，在发生故障或报警时，可以根据操作履历记录的信息进行有针对性的检查，尽快发现问题，解决故障。

（二）参数设定

1. 参数 No. 3106

该参数的输入类型为设定输入，数据类型为位型。在调用操作履历页面时，首先

将此参数的第 4 位设置为 1，即可以显示。

操作履历页面。此参数仅在参数 DPS（No. 3105#2）为 1 时有效。

参数		#7	#6	#5	#4	#3	#2	#1	#0
	3106		DAK	SOV	OPH				OHD

#4 位参数 OPH 表示是否显示操作履历页面，为 0 时表示不显示；为 1 时表示显示。

2. 参数 No. 3195

该参数的输入类型为设定输入，数据类型为位型。为设置是否记录按键操作履历、DI/DO 的履历以及是否显示擦除全部履历数据的"清除"软键。

参数		#7	#6	#5	#4	#3	#2	#1	#0
	3190	EKE	HDE	HKE					

3. 参数 No. 3122

该参数的输入类型为参数输入，数据类型为字路径型。输入范围为 0～1440。

在操作履历中记录时刻的周期，也是操作履历中当前时间显示间隔，单位为分钟，默认值为 0，表示间隔时间为 10 min。

4. 参数 No. 3112

该参数的输入类型为参数输入，数据类型为位型。本参数只有在参数 HAL（3196#7）=0 的情况下有效。

参数		#7	#6	#5	#4	#3	#2	#1	#0
	3112					EAH	OMH		

#2 位参数 OMH 表示是否显示外部信息操作履历页面。0：不显示；1：显示。

#3 位参数 EAH 表示是否在报警和操作履历中记录外部报警/宏报警的信息，为 0 时表示不记录；为 1 时表示记录。

5. 参数 No. 3196

该参数的输入类型为参数输入，数据类型为位型。希望从报警详细信息记录更多的报警履历个数时，将本参数设定为 1。

参数		#7	#6	#5	#4	#3	#2	#1	#0
	3196	HAL	HOM	HOA		HMV	HPM	HWO	HTO

（三）操作履历页面的调用

（1）有时在判断故障时需调用操作履历。操作履历页面调用方法如下：

修改参数 No. 3106#4 = 1，按下 MDI 面板上的"SYSTEM"→"▶"→"操作履历"键，进入操作履历页面（进入操作履历页面后的操作不记录），如图 2 – 2 – 1 所示。存储最大履历条数大约为 8 000，因记录内容数据大小不同而变化。

图 2-2-1　操作履历记录页面（1）

（2）通过操作履历页面能够查找一些最近的按键历史，能够查看一些参数修改记录，能够查看刀具补偿更改记录，能够查询报警记录以及能够自定义一些信号地址。操作履历画面所能记录显示的内容整理如下：

①MDI 键及系统软键的操作。

②登录的输入/输出信号的变化。

③系统报警发生的日期和时间。

④电源接通和关断的时间。

⑤以一定时间间隔显示当前时间。

（四）操作履历信息显示

1. MDI 按键的记录显示

在操作履历页面下进行 MDI 键盘检索时，MID 键盘对应履历页面的键值就是按键字符显示，例如：在"程序"页面下键入"GO1X100F100;"→"INSERT"后，对应的履历页可显示，如图 2-2-2 所示。

图 2-2-2　操作履历记录页面（2）

2. 系统软键记录显示

系统软键记录显示及各软件功能见表2-2-7。

表2-2-7　系统软键记录显示及各软键功能

〔SOFT X〕	横排软键
〔LEFT F〕	横排软键左翻页键
〔RIGHT F〕	横排软键右翻页键
＜XX＞	MDI键盘按键

3. 输入/输出信号记录的显示

操作履历页面除了可以记录一些页面按键外,还有信号选择功能,可以记录机床操作面板某一个按键对应的 PLC 信号。

例如:记录 singleblock 单段信号功能键变化,单段信号对应的是 G46.1,在页面中将 G46 地址对应的第 1 位 G46.1 设成 1,再返回来按单段按键可在操作履页面记录 G46.1 信号的变化,如图2-2-3和图2-2-4所示。

▲ 可以记录的信号为 X、Y、G、F,可以记录信号变化的时间为 8 ms。

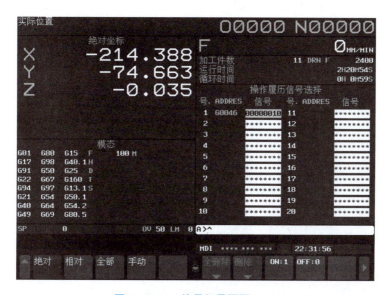

图2-2-3　信号记录页面（1）

图 2-2-4 信号记录页面 (2)

任务三　系统伺服参数设定

一、伺服相关参数

（一）参数 No. 1815

该参数输入类型为参数输入，数据类型为位轴型。在更换新的编码器后，需要重新设置回零点等参数。增量方式的编码器伺服电动机，机床每次上电都要进行回零的操作；绝对方式的编码器伺服电动机，应首次调好零点后，不再需要机床每次上电都进行回零的操作。

	#7	#6	#5	#4	#3	#2	#1	#0
参数　1815			ACP				OPT	

#1 位参数 OPT 表示是否使用分离位置检测器，该位为 0 时表示不使用；该位为 1 时表示使用。

首先，应使用电动机内置的脉冲编码器，确认电动机运行正常，然后安装分离式位置检测器并进行正确设定。

#5 位参数 APC 表示位置检测器类型，该位为 0 时，表示绝对位置检测器以外的检测器；该位为 1 时，表示绝对式位置检测器（绝对脉冲编码器）。

设定该参数后，"要求回原点"的报警灯亮。此时请正确执行返回参考点的操作。

（二）参数 No. 1825

该参数输入类型为参数输入，数据类型为字轴型，数据单位为 $0.01\ \mathrm{s}^{-1}$，数据范围为 1～9999。设置每个轴设定位置控制的环路增益。

参数	1825	每个轴的伺服环增益（$0.01\ \mathrm{s}^{-1}$）

（1）设定伺服响应，标准值设定为 3 000。

（2）设定的值越大，伺服的响应越快，但过大时会导致伺服系统不稳定。

（3）进行插补（2 轴以上控制，移动指定的路径）的轴，所有轴应设定相同的值。

（4）定位专用轴和刀库、托盘等其他驱动轴，可设定不同的值。

（5）伺服环增益 3000 时，伺服时间常数为 33 ms。

$$伺服时间常数 = \frac{1}{伺服环增益} = \frac{1}{30}\mathrm{s} = 0.033\ \mathrm{s}$$

（三）参数 No. 1826

该参数输入类型为参数输入，数据类型为 2 字轴型，数据单位为检测单位，数据范围为 0～99 999 999。设置每个轴的到位宽度。

参数	1826	每个轴的到位宽度

机械位置和指令位置的偏离（位置偏差量的绝对值）比到位宽度小时，假定机械已经到达指令位置，即视为其已经到位。

（四）参数 No. 1828

该参数输入类型为参数输入，数据类型为 2 字轴型，数据单位为检测单位，数据范围为 0 ~ 99 999 999。设置每个轴设定移动中的位置偏差极限。

参数	1828	每个轴移动中的位置偏差极限

移动中位置偏差量超过移动中的位置偏差量极限值时，发出伺服报警（SV0411）"移动时误差太大"，操作瞬时停止（与急停时间相同）。为了使在一定的行程内报警灯不亮，用检测单位求出快速进给时的位置偏差量应留有约 20% 的余量。

$$设定值 = \frac{快速移动速度}{60} \times \frac{1}{伺服环增益} \times \frac{1}{检测单位} \times 1.2$$

（五）参数 No. 1829

该参数输入类型为参数输入，数据类型为 2 字轴型，数据单位为检测单位，数据范围为 0 ~ 99 999 999。设置每个轴停止时的位置偏差极限。

参数	1829	每个轴停止时的位置偏差极限

停止时位置偏差量超过停止时的位置偏差量极限值时，发出伺服报警（SV0410）"停止时误差太大"，操作瞬时停止（与急停时间相同）。

二、伺服参数初始化设定

伺服驱动器和伺服电动机厂家通过大量实验和测试获得伺服控制数据，数控系统 FROM 中存放了 FANUC 所有电动机型号规格的标准伺服参数。FANUC 数控系统提供了设置方法，方便用户将相应的伺服参数写入 SRAM 中，这一过程称为伺服参数初始化。例如，某机床 X 轴和 Y 轴电动机为 βiS 12/3000，Z 轴电动机为 βiS 22/2000，用户需要将这些型号的电动机参数从 FROM 中提取出来，存放到 SRAM 中。

一般不需要做伺服参数初始化，只有在维修时怀疑系统参数设定出了问题，才需要做伺服参数初始化，或在维修中更换了不同的伺服电动机时也要进行伺服参数初始化，通过故障现象是否消除来判断是伺服参数故障还是机械、电气等其他故障。例如，电动机运行发生过载或振动时，可以通过伺服参数初始化和调整来帮助分析故障原因。

（一）伺服参数初始化准备

（1）选择 MDI 模式或将数控系统设定为急停状态。

（2）设定写参数（PWE = 1）。

（3）检查参数 No. 1023 是否为非 0 和负值，确认没有执行伺服轴屏蔽设定操作。

（二）伺服参数的初始化

（1）按 MDI 面板上的 "SYSTEM" 键数次，直至显示参数设定支援页面，如图 2 - 3 - 1 所示。

（2）按 MDI 面板上的 "↓"，将光标指向 "伺服设定" 位置，按下 "操作" 键，再按下 "选择" 键，进入伺服设定页面，如图 2 - 3 - 2 所示。

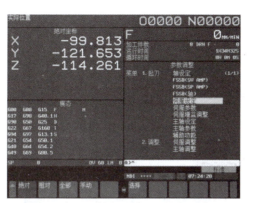

图 2 - 3 - 1　伺服参数设定支援页面

图 2 - 3 - 2　伺服参数设定页面 (1)

（3）需执行初始化时，移动光标至"标准参数读入"栏，设定数值为 0 输入，系统提示关机，进行标准参数载入，如图 2 - 3 - 3 所示。或者修改参数 No. 2000，该参数 #1 位 DGP 为 0 时进行伺服参数的初始设定；为 1 时进行伺服参数的初始设定。

图 2 - 3 - 3　伺服参数设定页面 (2)

	#7	#6	#5	#4	#3	#2	#1	#0
参数　2000							DGP	

#1：DGP　　0：进行伺服参数的初始设定；1：结束伺服参数的初始设定。

▲ 初始化设定完成后，#1 位自动变为 1，其他位请勿修改。此参数修改后，会发生 000 号报警，此时不用切断电源，等所有初始化参数设定完成后，一次断电即可。

参数 2000～2999 为数字伺服用的参数。

（4）如果还有其他轴需要同时进行伺服初始化，当该轴项目设定完成后，按下"设定"键，再按下"轴改变"键，可以切换到另一个轴的设定页面，如图 2 - 3 - 4 所示，同样执行"标准参数读入"设定为 0 的操作。

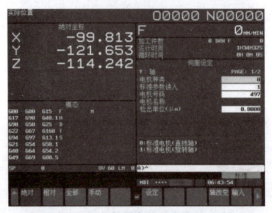

图 2 - 3 - 4　伺服参数设定页面（3）

（5）断电重启后，"标准参数读入"栏变为 1，代表初始化设定完成。

在上述伺服设定页面中下按 "＞" 软键，再按"切换"键，也可以切换到如图 2 - 3 - 5 所示伺服设定页面。

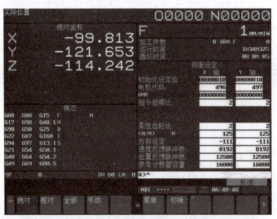

图 2 - 3 - 5　伺服参数设定页面（4）

（6）在该页面下设定初始化设定参数 No. 2000#1 为 0，并执行关、开机操作，初始化设定完成后，参数 No. 2000#1 变为 1，完成伺服参数初始化。

▲ 不同版本的系统伺服设定不同，个别版本的系统只能显示该伺服设定页面的显示。

（三）更换不同电动机的初始化操作

在维修中，有时需要更换不同型号的电动机作为替代，这时电动机的型号发生了变化，在上面所提到的初始化基础上，需要增加以下操作。

(1) 电动机规格铭牌确认，通过电动机铭牌确定电动机型号，伺服电动机型号的格式基本都是 A06B 开头。如图 2 - 3 - 6 所示，订货号是 A06B - 0215 - B102，电动机类型 αiS 4/5000，电动机图号为 0215。

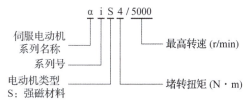

图 2 - 3 - 6　电动机铭牌

(2) 根据 B - 65270 伺服电动机说明书的参数表，查询可知该型号所对应的电动机代码为 265，如图 2 - 3 - 7 所示。

10　参数表 ....
  10.1　α*i* -B/α*i* 系列伺服电机用标准参数..
    10.1.1　α*i*S-B/α*i*S 系列
    10.1.2　α*i*S-B/α*i*S 系列 HV
    10.1.3　α*i*F-B/α*i*F 系列 ....
    10.1.4　α*i*F-B/α*i*F 系列 HV ....
    10.1.5　α*Ci* 系列 ....
  10.2　β*i* -B / β*i* 系列伺服电机用标准参数 ....
    10.2.1　β*i*S-B/β*i*S 系列
    10.2.2　β*i*S-B/β*i*S 系列 HV
    10.2.3　β*i*Sc-B/β*i*Sc 系列
    10.2.4　β*i*Sc-B/β*i*Sc 系列 HV
    10.2.5　β*i*F-B/β*i*F 系列
  10.3　直线电机用标准参数 ....
    10.3.1　直线电机 L*i*S-B/L*i*S 系列 [200V]...
    10.3.2　直线电机 L*i*S-B/L*i*S 系列 [400V]..
  10.4　DD 电机用标准参数 ....
    10.4.1　DD 电机 D*i*S-B/D*i*S 系列 [200V]...
    10.4.2　DD 电机 D*i*S-B/D*i*S 系列 [400V]..

电机型号	αiS2 5000,-B	αiS2 5000,-B 40A	αiS2 6000,-B	αiS2 6000,-B 40A	αiS4 5000,-B	αiS4 5000,-B 40A
电机图号	0212,2212	0212,2212	0218,2218	0218,2218	0215,2215	0215,2215
电机型式	262	502	284	503	265	504
PRM NO	SERVO PRM.					
2003	00001000	00001000	00001000	00001000	00001000	00001000
2004	00000011	00000011	00000011	00000011	00000011	00000011
2005	00000000	00000000	00000000	00000000	00000000	00000000
2006	00000000	00000000	00000000	00000000	00000000	00000000
2007	00000000	00000000	00000000	00000000	00000000	00000000
2008	00000000	00000000	00000000	00000000	00000000	00000000
2009	00000000	00000000	00000000	00000000	00000000	00000000
2010	00000000	00000000	00000000	00000000	00000000	00000000
2011	00000000	00000000	00000000	00000000	00000000	00000000
2012	00000000	00000000	00000000	00000000	00000000	00000000
2013	00000000	00001110	00000000	00001110	00000000	00001110
2014	00000000	00001110	00000000	00001110	00000000	00001110
2210	00000000	00000000	00000000	00000000	00000000	00000000
2211	00001010	00001010	00001010	00001010	00001010	00001010
2300	00000000	00000000	00000000	00000000	00000000	00000000
2301	00000000	00000000	00000000	00000000	00000000	00000000

图 2 - 3 - 7　B - 65270 伺服电动机说明书参数表

(3) 进入前述的伺服设定页面，在电动机代码栏输入查询到的电动机代码，例如"265"，并确认下方显示的电动机规格是否一致。

(4) 按照表 2 - 3 - 1 设定 AMR。

表 2 - 3 - 1　不同型号电动机设定 AMR

型号	#7	#6	#5	#4	#3	#2	#1	#0
αiS 电动机	0	0	0	0	0	0	0	0
βiS 电动机	0	0	0	0	0	0	0	0

(5) 设定 CMR 方法。

CMR 计算公式 CMR = 最小移动单位(CNC 侧)/检测单位(伺服侧)

指令倍乘比设定值：CMR 为 1~48 时　　　　设定值 = CMR * 2

CMR 为 1/2 ~ 1/27 时　　设定值 = 1/CMR + 100

当指令和电动机输出为 1 倍关系时，参数值设为 2。通常情况下，此参数设定值为 2（参数 1820 设定为 2）。

（6）机床的检测单位确定，由电动机每转的移动量和"进给变比"设定。

$$进给变比\ N/M = \frac{电动机每转的反馈脉冲数}{100\ 万} = \frac{电动机每转移动量/检测单位}{100\ 万}$$

▲ 不论使用何种脉冲编码器，计算公式都相同。

M、N 均为 32 767 以下的值，分式约为真分数。

例：电动机每转的移动量为 12 mm/rev（当减速比为 1:1 时，为丝杠螺距），检测单位为 1/1 000 mm，则

$$进给变比\ N/M = \frac{12/0.001}{1\ 000\ 000} = \frac{12\ 000}{1\ 000\ 000} = \frac{3}{250}$$

（7）"移动方向"的设定（机床正向移动时伺服电动机的旋转方向的设定），设定的旋转方向应该是从脉冲编码器一侧看的旋转方向，如图 2-3-8 所示。

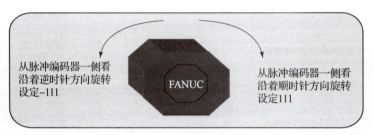

图 2-3-8 旋转方向的设定

（8）设定速度脉冲数和位置脉冲数，直接参考表 2-3-2。

表 2-3-2 设定速度脉冲数和位置脉冲数

设定项目	半闭环	全闭环
检测单元	1 μm，0.1 μm	
初始设定位	0	
速度反馈脉冲数	8 192	
位置反馈脉冲数	12 500	参见全闭环设置

（9）"参考计数器容量"的设定。返回参考点（零点）的计数器容量，用栅格（电动机的一转信号）设定。通常设定为电动机每转的位置脉冲数（或其整数分之一）。

例如：电动机每转移动 12 mm，检测单位为 1/1 000 mm 时，设定为 12 000（6 000、4 000）。

参考计数器容量不为整数时的处理方法：参考计数器容量设定为约数时，栅格点的位置会有电动机一转以内的偏差，使用改变检测单位的方法对栅格点误差进行补偿。

例如，丝杠螺距：20 mm，减速比：1/17，检测单位：1 μm，电动机每转需要脉冲数为 20 000/17 个，则参数 1821 设定为 20 000，参数 2179 设定为 17。

		参考计数器容量的分子（0~99 999 999）

1821　　　　　　　　　　参考计数器容量的分子（0~99 999 999）

2179　　　　　　　　　　　参考计数器容量的分母（0~32 767）

（10）将标准参数设定为"0"，开、关机执行标准参数载入。

示例：电动机每转移动 12 mm，检测单位为 1/1 000 mm 时的设定示例，见表 2 - 3 - 3。

表 2 - 3 - 3　设定示例

设定项目	加工中心	车床		参考号
		X 轴	Y、Z 轴	
直径/半径指定		直径指定	半径指定	1006#3
初始设定值	00000000	＊＊＊＊＊＊00	＊＊＊＊＊＊00	2000
电动机代码	（　）	（　）	（　）	根据电动机类型
AMR	00000000	00000000	00000000	
CMR	2	2	2	
柔性齿轮比 N	12	12	12	
柔性齿轮比 M	1 000	1 000	1 000	
旋转方向	111/ -111	111/ -111	111/ -111	
速度脉冲数	8 192	8 192	8 192	半闭环 0.001 mm
位置脉冲数	12 500	12 500	12 500	
参考计数器	12 000	12 000	12 000	电动机 1 转脉冲数

（四）SV0417 故障报警

FANUC 系统出现 SV0417（417 报警）报警时，一般是由于数字伺服参数的设定值不正确引起的。417 报警内容为"伺服非法 DGTL 参数"，如果机床出现 SV0417 报警，请通过诊断信息 No. 203 来判断报警。如果检查出是伺服侧参数问题，需要尝试伺服参数初始化。

	#7	#6	#5	#4	#3	#2	#1	#0
诊断 No. 203				PRM				

PRM 位为 0 时，系统软件检测出的报警；为 1 时，伺服软件检测出的报警。

No. 203#4 = 0 表明系统软件检测出了参数非法，可能导致的原因见诊断信息 No. 280。

	#7	#6	#5	#4	#3	#2	#1	#0
诊断 No. 280		AXS		DIR	PLS	PLC		MOT

MOT（#0）1：参数 No.2020 的电动机编号中设定了指定范围外的值。

PLC（#2）1：参数 No.2023 的电动机每转动一圈的速度反馈脉冲数中设定了 0 以下等错误值。

PLS（#3）1：参数 No.2024 的电动机每转动一圈的位置反馈脉冲数中设定了 0 以下等错误值。

DIR（#4）1：参数 No.2022 的电动机旋转方向中设定一个正确的值（111 或 –111）。

AXS（#6）1：参数 No.1023（伺服轴编号）的设定值不当。伺服轴编号重复，或者设定了超过伺服卡的控制轴数的值。

表 2–3–4 列出了在各系列中有效的电动机编号的范围。当设定此范围外的编号时，就会成为参数非法报警（此时，PRM = 0 保持不变）。

表 2–3–4　电动机编号的范围

何服控制软件系列	电动机编号设定范围
90G0，90J0，90K0，90GP，90JP	1～909
90E0	1～550（~28.0 版），1～909（29.0 版~）
90D0	1～550
90E1	1～550（~04.0 版）1～909（05.0 版~）
90M0，90M8	1～909
90C5，90E5	1～550（~D 版）1～909（E 版~）
90C8，90E8	1～909
90H0	1～909

No.203#4 = 1 表明通过伺服软件检测出了参数非法，尝试执行参数初始化消除报警。

三、伺服监控页面

当机床出现异常状态时，例如：机床出现振动时，需观察电动机电流或速度的变化，降低振动需调整速度增益时，都需要进行伺服参数的调整以及电动机运行状态的监控。在系统页面中，也集成了伺服调整页面，可以完成上述任务。

（一）页面进入方法

在 MDI 面板上按"SYSTEM"键→扩展键"▶"→"伺服设定"→"伺服调整"，进入伺服监控页面，如图 2–3–9 所示。用户可以借助伺服调整页面对位置环、速度环增益进行调整，观察监视页面可帮助了解电动机的工作状态。

▲ 未显示伺服页面时，设定参数 No.3111#0 = 1，断电重启生效。

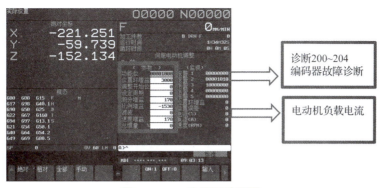

图 2 − 3 − 9　伺服监控页面

（二）伺服监控页面

伺服监控页面分成左、右两部分，左边为伺服常用的调整参数，右边为对应参数值。伺服调整参数见表 2 − 3 − 5。

表 2 − 3 − 5　伺服调整参数

调整参数	对应参数号	调整参数	对应参数号
功能位	No. 2003	比例增益	No. 2044
位置增益	No. 1825	滤波	No. 2067
积分增益	No. 2043	速度增益	No. 2021

伺服参数解决的故障，通常与产品精度、表面粗糙度、加工效率有关，但精细的调整需要具备伺服原理知识以及精密测量设备和软件，通过手动的参数调整，很难达到精细化，但维修中，也可以通过一些参数来解决或者判断常见的故障。在伺服监控页面下进行参数调整的优点是不需要记忆参数号，同时，系统也将这些经常调整的参数整合在一起，便于用户进行快速设定。

例如，机床运行中出现振动时，可以调整滤波参数，按照振动的频率（大致判断）进行调整。如振动频率为 200 Hz，振动的截止频率需设定 100 Hz，100 Hz 对应的参数设定值为 2 185，则设定为当前值，见表 2 − 3 − 6。

表 2 − 3 − 6　转矩指令滤波器的设定值

截止频率/Hz	参数设定值	截止频率/Hz	参数设定值
90	2 327	170	1 408
95	2 255	180	1 322
100	2 185	190	1 241
110	2 052	200	1 166
120	1 927	220	1 028
130	1 810	240	907
140	1 700	260	800
150	1 596	280	705
160	1 499	300	622

调整滤波器若无效，可以适当降低速度增益进行减振，如果速度增益降低很多，对振动带来的变化依然不明显，可能需要检查机床外围的振动源，或考虑是否是机械连接、轴承等方面的问题。

对于产品精度以及机床停止时的过冲振荡，也可以借助该页面的位置增益进行调整，提高位置增益，减少跟随误差以提高精度。电动机定位停止时，观察电动机跟随误差的显示，确定是否过冲，通过降低位置增益也可以改善过冲，尤其是全闭环出现振动时，调整位置增益比较有效。但需注意，调整后的位置增益全轴需保持一致。

伺服监控页面右边可以监控伺服电动机运行的状态，以及报警对应的诊断号。

（1）诊断号。

报警 1：诊断号 200 号；

报警 2：诊断号 201 号；

报警 3：诊断号 202 号；

报警 4：诊断号 203 号；

报警 5：诊断号 204 号。

报警 1 到报警 5 所显示的诊断位，对应串行脉冲编码器，报警细节或伺服软件检测编码器反馈数据所分析出的断线、过载等原因，详细的诊断位说明参考 B - 64695 数控系统维说明书。当出现例如 SV36X（X：0~8）的报警时，可以检测对应的诊断位进行故障原因排查。

结合报警诊断显示（图 2 - 3 - 10 和图 2 - 3 - 11），查找处理办法。具体的处理办法查看说明书《伺服位置检测器及其报警处理》。

	#7	#6	#5	#4	#3	#2	#1	#0
①报警 1	OVL	LVA	OVC	HCA	HVA	DCA	FBA	OFA
②报警 2	ALD			EXP				
③报警 3		CSA	BLA	PHA	RCA	BZA	CKA	SPH
④报警 4	DTE	CRC	STB	PRM				
⑤报警 5		OFS	MCC	LDM	PMS	FAN	DAL	ABF
⑥报警 6				SFA				
⑦报警 7	OHA	LDA	BLA	PHA	CMA	BZA	PMA	SPH
⑧报警 8	DTE	CRC	STB	SPD				
⑨报警 9		FSD			SVE	IDW	NCE	IFE

图 2 - 3 - 10　串行脉冲编码器报警位诊断图

（2）位置环增益：表示实际环路增益。

（3）位置误差：表示实际位置误差值（诊断号 300）。

（4）电流（%）：以相对于电动机额定值的百分比表示电流值。电流（%）显示的是伺服电动机实际电流与额定电流的百分比，主要有两个用途：一是确定负载状况；二是作为手动调整快速移动（G00）和切削进给（G01、G02 等）的加减速时间常数的依据。

| 报警3 | | | | | | | 报警2 | | 1 | 报警2 | | 报警内容 |
CSA	BLA	PHA	RCA	BZA	CKA	SPH	LDM	PMA	FBA	ALD	EXP	
						1						软相报警
				1								电池电压零
			1						1	1	0	计数错误报警
		1										相位报警
	1											电池电压降低（警告）
								1				脉冲错误报警
							1					LED异常报警

图 2 - 3 - 11　串行脉冲编码器报警内容

（5）电流（A）：表示实际采样周期内的平均电流值。在伺服电动机加/减速中，若电流急剧变化，就无法确认数值。若设定参数 No. 2201，就会持续显示电流峰值 3 s 左右，从而可以读取加/减速时的最大电流。

	#7	#6	#5	#4	#3	#2	#1	#0
2201		CPEEKH						

CPEEKH(#6) 0：通常方式；1：峰值保持电流显示。

（6）速度（RPM）：表示电动机实际转速。

项目三　PMC 故障诊断与维修

知识树

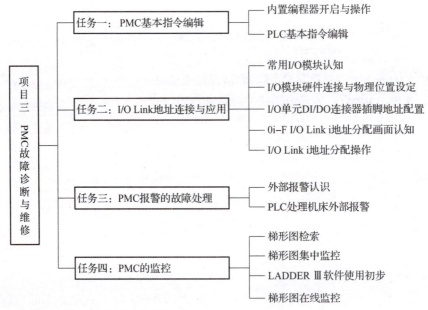

学习目标：

1. 熟悉 PMC 基本指令编辑方法，能够阅读并查看梯形图，分析信号之间的逻辑关系。

2. 熟悉 PMC 基本编程指令信号的含义。

3. 熟悉 PMC 机床外部报警处理过程。

4. 能够根据 PMC 外部报警查找故障原因。

5. 能够对 I/O Link 进行地址分配，并能查找到信号分配地址对应的硬件位置。

6. 能够通过数控系统和 LADDER Ⅲ 软件对 PMC 梯形图进行在线监控。

7. 具备 6S 职业素养。

8. 具备精益求精的工匠精神。

项目描述：

在对机床进行维修或机床升级改造中，必须掌握 PMC 故障诊断和维修的方法，能够结合外部设备的故障状态，进行 PMC 逻辑故障的判断和处理。

（1）根据 I/O Link 地址连接图，简述 I/O 模块硬件连接。

（2）根据报警信息要求，编写外部报警信息梯形图。

（3）根据梯形图的地址信息，通过 PMC 梯形图监控分析关联信号之间的逻辑关系。

项目分析：

本项目主要学习 PMC 基本指令编辑、I/O Link 地址连接与应用、PMC 报警的故障处理、PMC 的监控。通过本项目的学习，学生能够掌握 PMC 内置编程器的开启与操作步骤，能够根据 I/O 模块地址分配查找信号状态，能够根据机床产生外部报警信息时查找及排除故障，能够通过 PMC 梯形图监控分析关联信号之间的逻辑关系。

任务一 PMC 基本指令编辑

一、内置编程器开启与操作

要实现数控系统 PMC 程序的编辑功能，必须使编程器功能有效，同时，能保存编辑后的 PMC 程序，这些功能的实现需要对内置编程器进行设定。

按下"SYSTEM"→"▶"→"PMC 配置"→"设定"键，进入 PMC 设定页面，如图 3 – 1 – 1 所示。

在 PMC 设定页面，进行以下设定：

（1）将"编辑后保存"设定为"是"。

（2）将"编程器功能有效"设定为"是"。

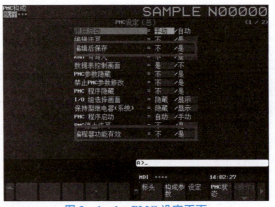

图 3 – 1 – 1 PMC 设定页面

二、PMC 基本指令编辑

（一）PMC 编辑菜单结构

按下"SYSTEM"→"▶"→"PMC 梯形图"→"梯形图"→"操作"→"编辑"键，进入 PMC 梯形图编辑页面。PMC 梯形图有"列表""搜索菜单""缩放""追加新网""自动"等 18 个子菜单，如图 3 – 1 – 2 所示。

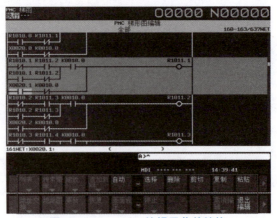

图 3 – 1 – 2 PMC 编辑子菜单结构

PMC 梯形图编辑各子菜单的作用见表 3 − 1 − 1。

表 3 − 1 − 1　PMC 梯形图编辑各子菜单的作用

序号	子菜单	子菜单作用
1	[列表]	显示程序结构的组成
2	[搜索菜单]	进入检索方式的按键
3	[缩放]	修改光标所在位置的网格
4	[追加新网]	在光标位置之前编辑新的网格
5	[自动]	地址号自动分配（避免出现重复使用地址号的现象）
6	[选择]	选择复制、删除、剪切的程序
7	[删除]	删除所选择的程序
8	[剪切]	剪切所选择的程序
9	[复制]	复制所选择的程序
10	[粘贴]	粘贴所复制、剪切的程序到光标所在位置
11	[地址交换]	批量更换地址号
12	[地址图]	显示程序所使用的地址分布
13	[更新]	编辑完成后更新程序的 RAM 区
14	[恢复]	恢复更改前的原程序（更新之前有效）
15	[画面设定]	PMC 梯形图编辑相关设定
16	[停止]	停止 PMC 的运行
17	[取消编辑]	取消当前编辑，退出编辑状态
18	[退出编辑]	编辑完后退出

（二）追加新的梯形图网格

1. 追加新网

如果要在梯形图某一个网格之前追加一个新的网格，按照以下步骤操作：将光标移动至拟追加新网格之后的网格行，按"追加新网"键，进入追加新网格页面，如图 3 − 1 − 3 所示。显示器下方显示有触点、线圈、功能指令、连线等程序编辑相关的键，如图 3 − 1 − 4 所示。在这个页面，可以根据功能要求进行添加触点、线圈、功能指令等 PMC 编辑操作。

2. 编辑新网

以数控系统急停 PMC 程序编辑为例，说明添加常开、常闭、线圈等网格要素"与"和"或"等编辑操作。

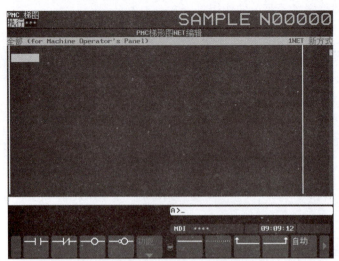

图 3-1-3 追加新网格页面

图 3-1-4 PMC 程序编辑子菜单

（1）急停 PMC 程序说明。急停 PMC 程序编辑在第 1 级 PMC 程序中。

（2）追加新网。按下"SYSTEM"→"▶"→"PMC 梯形图"→"梯形图"→"操作"→"编辑"→"列表"键，进入第 1 级梯形图，按"追加新网"键，进入急停程序编辑页面。

（3）编辑并保存程序。输入地址"X8.4"→按常开触点键→输入地址"X8.6"→按常开触点键→输入地址"G8.4"→按线圈键→光标移动至 G8.4 下方网格位置→输入地址"G71.1"→按线圈键→按连线键→"▶"→按追加结束键→根据提示保存程序。

数控系统急停 PMC 程序编辑完成后，如图 3-1-5 所示。

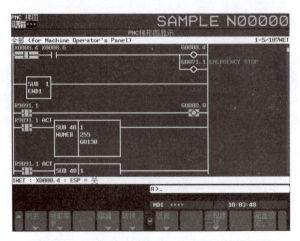

图 3-1-5 数控系统急停 PMC 程序编辑页面

（三）修改原有梯形图网格

（1）进入"缩放"页面，如果要修改，按原有梯形图网格，按照以下步骤操作：将光标移动至拟修改的梯形图网格行，按"缩放"键，则进入梯形图修改页面，显示器下方显示与"追加新网格"页面相同的键，包括触点、线圈等程序编辑相关的键，如图3－1－6（a）所示。在这个页面中，可以根据功能要求进行添加触点、线圈、功能指令等PMC程序修改操作。

（2）编辑"缩放"页面，以功能指令追加为例，在原有梯形图上，要追加新的网格，网格中含功能指令SUB25。

在原有梯形图基础上修改梯形图的操作步骤如下：

①将光标移动至需要追加网格的梯形图处，按"缩放"键，进入梯形图编辑页面。

②将光标移动至需要添加的网格首端，输入地址"F7.0"→按常开触点键→输入地址"F1.3"→按常开触点键→按"功能"键，进入功能指令选择页面→将光标移至SUB25→按"选择"键，梯形图中输入了功能指令→将光标移动至功能指令内部数据填写栏，分别填写所要输入的数据→按"INPUT"键，数据生效。完成追加后，数控系统显示的梯形图如图3－1－6（b）所示。

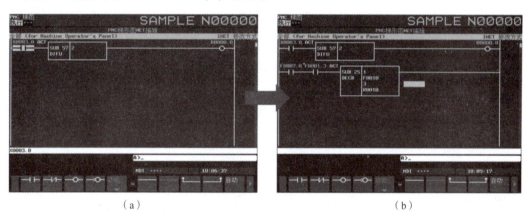

（a）   （b）

图3－1－6 "缩放"后追加功能指令SUB25

（四）梯形图地址交换

现场维修时，有时由于元器件的更换或者输入/输出模块管脚故障，导致信号地址变化，需要针对原梯形图进行信号地址的交换。地址交换操作步骤如下：

按下"SYSTEM"→"▶"→"PMC梯形图"→"梯形图"→"（操作）"→"编辑"→"▶"→"地址交换"键，输入交换前的地址，输入交换后的地址，按"（操作）"键，实现地址交换。交换结束后，系统屏幕会显示交换地址的数量。图3－1－7所示为梯形图地址交换页面。

（五）定时器功能指令认知

数控机床PMC程序经常用到定时功能，如加工中心主轴装刀前吹扫延时、数控车床四方刀架选刀锁紧延时等。定时器有固定定时器和可变时间定时器等功能指令来实现定时功能。

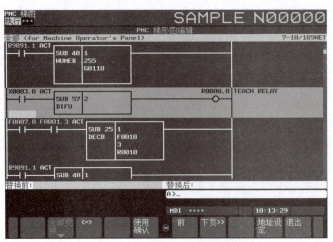

图 3 - 1 - 7 梯形图地址交换页面

1. 固定定时器功能指令

固定定时器功能指令 SUB24 TMRB 指设定时间是固定的延时定时器，指令格式如图 3 - 1 - 8 所示。指令中符号的含义如下：

（1）ACT。ACT = 0 时，断开时间继电器；ACT = 1 时，启动定时器。

（2）定时器号。用于设定定时器号，范围为 1 ~ 100。设定时，定时器号不要重复。

（3）定时时间。固定定时器直接在定时器功能指令中设定延时时间，用十进制数设定时间长度，单位为 ms。

（4）W1。在启动定时器经过设定的时间时，输出 W1 导通。

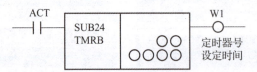

图 3 - 1 - 8 固定定时器功能指令 SUB24 TMRB 指令格式

2. 可变时间定时器功能指令

可变时间定时器功能指令 SUB3 TMR 是延时定时器，定时器启动条件满足后，经过设定时间输出线圈接通。指令格式如图 3 - 1 - 9 所示。

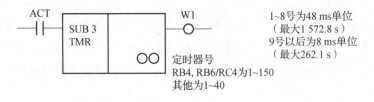

ACT=0：断开时间继电器。
ACT=1：启动定时器。
W1=1：ATC接通后，经过设定的时间时，输出即接通。

图 3 - 1 - 9 可变时间定时器功能指令格式

可变定时器延时时间在定时器设定页面进行设定，操作步骤如下：

按下"SYSTEM"→"▶"→"PMC维护"→"▶"→"定时"，进入定时器设定页面→将光标移动至功能指令中指定的定时器号，按照程序要求设定好延时时间。可变时间定时器延时时间设定页面如图3-1-10所示，由定时器号、定时器地址、设定时间、定时器精度构成，其中一个定时器号占用2字节的地址。

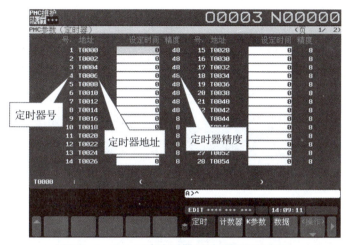

图3-1-10　可变定时器延时时间设定页面

（六）计数器功能指令认知

数控机床PMC程序经常用到计数器功能，如加工工件计数、加工中心刀库选刀计数等。计数器功能指令SUB5 CTR指令格式如图3-1-11所示，指令中符号含义如下：

（1）CN0：计数器初始值的设定，CN0为0时初始值为0；CN0为1时初始值为1。

（2）UPDOWN：UPDOWN为0是加计数器；为1是减计数器。

（3）RST：RST复位信号，加计数器复位为初始设定值，减计数器复位为预置值。

（4）ACT：触发信号。

（5）W1：是计数结束输出信号，当加计数到最大值或减计数到最小值时，W1输出为1。

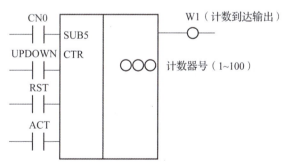

图3-1-11　计数器功能指令SUB5 CTR指令格式

计数器的设定值需要在计数器页面进行设定，按照以下步骤进入计数器设定页面：按下"SYSTEM"→"▶"→"PMC维护"→"▶"→"计数器"键，进入计数器设定页面→将光标移动至功能指令中指定的定时器号→输入计数器设定值和当前值，即完成计数器设定。计数器设定页面如图 3 – 1 – 12 所示，由计数器号、计数器地址、设定值、现在值构成，其中一个计数器号占用 4 字节的地址。

图 3 – 1 – 12　计数器设定页面

（七）二进制常数定义功能指令认知

二进制常数定义功能指令 SUB40 NUMEB 用于定义 1、2、4 字节长的二进制形式的常数。功能指令 SUB40 格式如图 3 – 1 – 13 所示。

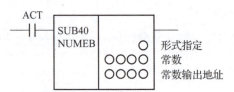

图 3 – 1 – 13　二进制常数定义功能指令 SUB40 NUMEB 指令格式

【示例】如图 3 – 1 – 14 所示的 PMC 程序，当信号 X0000.0 导通后，二进制常数定义功能指令 SUB40 将常数 12 赋值给 R0100，此时 R0100 的二进制表达式为 00001100，其十进制值为 12，在实际应用中用于给信号赋值。

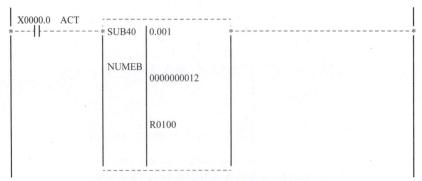

图 3 – 1 – 14　二进制常数定义功能指令 SUB40

（八）传送任意字节数据功能指令认知

传送任意字节数据功能指令 SUB45 MOVN 用于把任意字节的数据从被指定的传出

位置地址传送到传入位置地址。功能指令 SUB45 的指令格式如图 3 – 1 – 15 所示。

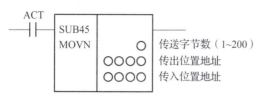

图 3 – 1 – 15　传送任意字节数据功能指令 SUB45 的指令格式

【示例】如图 3 – 1 – 16 所示的 PMC 程序，当信号 X0000.0 导通后，传送任意字节数据功能指令 SUB45 将 50 字节数的 R0100 ~ R0149 的值传送到 R0200 ~ R0249，在实际应用中用于数据传递。

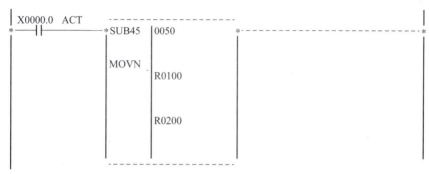

图 3 – 1 – 16　传送任意字节数据功能指令 SUB45 的应用

（九）梯形图置位与复位功能编程

PMC 梯形图有置位 SET 与复位 RESET 功能。置位功能是满足某种条件时线圈被置位，始终得电；复位功能是满足某种条件时将置位的线圈复位，线圈失电。置位、复位 PMC 梯形图如图 3 – 1 – 17 所示，当按下按钮 X10.0 时，中间继电器 R0200.0 被置位为 1，即使松开按钮，R0200.0 也是为 1 的状态；当按下 MDI 键盘上的复位键时，中间继电器 R0200.0 复位，为 0 的状态。

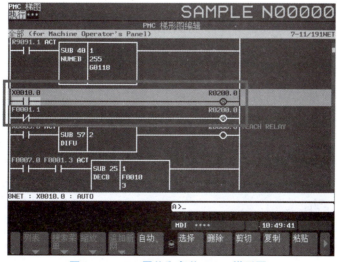

图 3 – 1 – 17　置位和复位 PMC 梯形图

任务二　I/O Link 地址连接与应用

一、常用 I/O 模块认知

FANUC 常用 I/O 模块包括 I/O 单元（Oi 用 I/O 单元）、FANUC 标准机床操作面板、操作盘 I/O 模块、分线盘 I/O 模块、FANUC I/O UNIT A/B 单元、I/O Link 轴等，如图 3-2-1 所示。

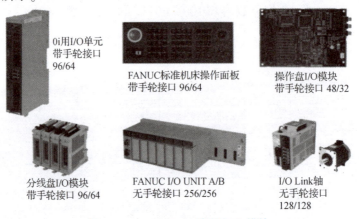

0i用I/O单元
带手轮接口
96/64

FANUC标准机床操作面板
带手轮接口 96/64

操作盘I/O模块
带手轮接口 48/32

分线盘I/O模块
带手轮接口 96/64

FANUC I/O UNIT A/B
无手轮接口 256/256

I/O Link轴
无手轮接口
128/128

图 3-2-1　FANUC 常用 I/O 模块

二、I/O 模块硬件连接与物理位置设定

（一）I/O 模块硬件连接

I/O 模块硬件连接如图 3-2-2 所示。数控系统配置了 FANUC 标准机床操作面板和强电盘用 I/O 单元两种类型 I/O 模块。I/O 模块之间采用串行连接方式，数控系统接口 JD51A 连接至 FANUC 标准机床操作面板 JD1B，再从机床操作面板 JD1A 连接至 I/O 单元 JD1B。

FANUC 标准机床操作面板可连接 96 个输入信号和 64 个输出信号，通过 JA3 接口连接手轮。I/O 单元是 FANUC 0i 标准 I/O 单元，同样，可以连接 96 个输入信号和 64 个输出信号，也具备手轮接口。

（二）I/O 模块物理位置设定

FANUC I/O Link i 是一个串行接口，通过 I/O Link 电缆将 CNC、各种类型 I/O 模块和机床操作面板等连接起来。FANUC 0i-F 系列主板上的 I/O 接口为 JD51A，通过信号线连接相邻 I/O 模块的 JD1B 接口，再从这个模块的 JD1A 接口连接到下一个模块的 JD1B 接口，依此类推，直至连接到最后一个 I/O 模块的 JD1B 接口，最后一个 I/O 模块的 JD1A 接口空着。

按照这种 JD1A→JD1B 方式串行连接的各 I/O 模块，其物理位置按照组来进行定义，距数控系统最近的 I/O 模块为第 0 组，下一个模块为第 1 组，依此类推。

I/O 模块物理位置设定如图 3-2-3 所示。

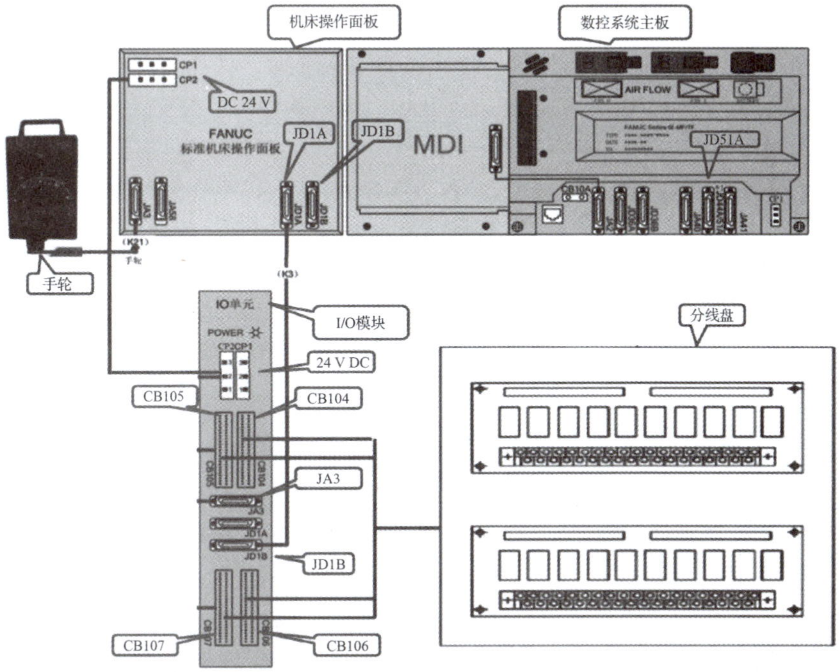

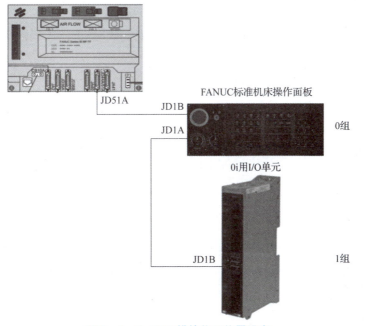

图 3 – 2 – 2　I/O 模块硬件连接

图 3 – 2 – 3　I/O 模块物理位置设定

三、I/O 单元 DI/DO 连接器插脚地址配置

（一）I/O 单元连接器地址分配

I/O 单元通过 CB104 ~ CB107 连接器与机床控制柜分线盘、机床操作面板（不带 I/O 接口）上输入、输出信号连接，每个输入、输出信号状态通过 JD51A – JD1B 方式与

数控系统连通，形成数控系统与 I/O 单元之间信号串行传递方式。

I/O 单元 CB104~CB107 连接器地址分配如图 3-2-4 所示。从图中可以看出，每个连接器有 50 个引脚，有 24 个输入信号和 16 个输出信号，4 个连接器共有 96 个输入信号和 64 个输出信号。以 CB104 连接器为例，输入信号地址范围为 $Xm+0.0 \sim Xm+2.7$，共 3 字节 24 个输入信号，其中，"m" 为输入信号起始地址；输出信号地址范围为 $Yn+0.0 \sim Yn+1.7$，共 2 字节 16 个输出信号，其中，"n" 为输出信号起始地址。

在对 I/O 模块进行地址分配时，要注意以下几点：

（1）地址固定的高速处理信号要接在 I/O 模块连接器指定地址的引脚上。

（2）CB104、CB105、CB106、CB107 引脚图中的 B01 引脚 +24 V 是输出信号，该引脚输出 24 V 电压，不要将外部 24 V 电压接到该引脚上。

（3）如果需要使用连接器的 Y 信号，可将 24 V 电压输入 D0COM 引脚。

（4）如果需要使用 $Xm+4$ 的地址，不要悬空 COM4 引脚，建议将 0 V 接入 COM4 引脚。

（二）I/O 模块地址分配

I/O 模块地址分配主要是确定输入/输出模块信号的首地址 "m" 和 "n"。如果 I/O 模块中连接有高速输入信号，首地址确定以确保高速信号固定地址为原则；如果有多个 I/O 模块，且有 I/O 模块没有连接高速输入信号，则首地址确定以地址不相互冲突为原则。如图 3-2-4 所示。

如图 3-2-5（a）所示，急停信号接至 I/O 模块 CB105 的 A08 接线端子上，地址为 $Xm+8.4$，由于急停信号地址为 X8.4，$Xm+8.4 = X0+8.4$，所以 m 为 0，因此起始地址设定为 X0，从 X0 开始进行地址分配，I/O 模块有 12 字节，则占用地址为 $X0 \sim X11$。

	CB104 HIROSE 50PIN A	CB104 B	CB105 HIROSE 50PIN A	CB105 B	CB106 HIROSE 50PIN A	CB106 B	CB107 HIROSE 50PIN A	CB107 B
01	0V	24V	0V	24V	0V	24V	0V	24V
02	Xm+0.0	Xm+0.1	Xm+3.0	Xm+3.1	Xm+4.0	Xm+4.1	Xm+7.0	Xm+7.1
03	Xm+0.2	Xm+0.3	Xm+3.2	Xm+3.3	Xm+4.2	Xm+4.3	Xm+7.2	Xm+7.3
04	Xm+0.4	Xm+0.5	Xm+3.4	Xm+3.5	Xm+4.4	Xm+4.5	Xm+7.4	Xm+7.5
05	Xm+0.6	Xm+0.7	Xm+3.6	Xm+3.7	Xm+4.6	Xm+4.7	Xm+7.6	Xm+7.7
06	Xm+1.0	Xm+1.1	Xm+8.0	Xm+8.1	Xm+5.0	Xm+5.1	Xm+10.0	Xm+10.1
07	Xm+1.2	Xm+1.3	Xm+8.2	Xm+8.3	Xm+5.2	Xm+5.3	Xm+10.2	Xm+10.3
08	Xm+1.4	Xm+1.5	Xm+8.4	Xm+8.5	Xm+5.4	Xm+5.5	Xm+10.4	Xm+10.5
09	Xm+1.6	Xm+1.7	Xm+8.6	Xm+8.7	Xm+5.6	Xm+5.7	Xm+10.6	Xm+10.7
10	Xm+2.0	Xm+2.1	Xm+9.0	Xm+9.1	Xm+6.0	Xm+6.1	Xm+11.0	Xm+11.1
11	Xm+2.2	Xm+2.3	Xm+9.2	Xm+9.3	Xm+6.2	Xm+6.3	Xm+11.2	Xm+11.3
12	Xm+2.4	Xm+2.5	Xm+9.4	Xm+9.5	Xm+6.4	Xm+6.5	Xm+11.4	Xm+11.5
13	Xm+2.6	Xm+2.7	Xm+9.6	Xm+9.7	Xm+6.6	Xm+6.7	Xm+11.6	Xm+11.7
14					COM4			
15								
16	Yn+0.0	Yn+0.1	Yn+2.0	Yn+2.1	Yn+4.0	Yn+4.1	Yn+6.0	Yn+6.1
17	Yn+0.2	Yn+0.3	Yn+2.2	Yn+2.3	Yn+4.2	Yn+4.3	Yn+6.2	Yn+6.3
18	Yn+0.4	Yn+0.5	Yn+2.4	Yn+2.5	Yn+4.4	Yn+4.5	Yn+6.4	Yn+6.5
19	Yn+0.6	Yn+0.7	Yn+2.6	Yn+2.7	Yn+4.6	Yn+4.7	Yn+6.6	Yn+6.7
20	Yn+1.0	Yn+1.1	Yn+3.0	Yn+3.1	Yn+5.0	Yn+5.1	Yn+7.0	Yn+7.1
21	Yn+1.2	Yn+1.3	Yn+3.2	Yn+3.3	Yn+5.2	Yn+5.3	Yn+7.2	Yn+7.3
22	Yn+1.4	Yn+1.5	Yn+3.4	Yn+3.5	Yn+5.4	Yn+5.5	Yn+7.4	Yn+7.5
23	Yn+1.6	Yn+1.7	Yn+3.6	Yn+3.7	Yn+5.6	Yn+5.7	Yn+7.6	Yn+7.7
24	DOCOM	DOCOM	DOCOM	DOCOM	DOCOM	DOCOM	DOCOM	DOCOM
25	DOCOM	DOCOM	DOCOM	DOCOM	DOCOM	DOCOM	DOCOM	DOCOM

图 3-2-4　I/O 单元 CB104~CB107 连接器地址分配

如图 3 – 2 – 5（b）所示，急停信号接至 I/O 模块 CB104 的 A04 接线端子上，地址为 Xm + 0.4，由于急停信号地址为 X8.4，Xm + 0.4 = X8 + 0.4，所以 m 为 8，因此，起始地址设定为 X8，从 X8 开始进行地址分配，I/O 模块有 12 字节，则占用地址为 X8 ~ X19。

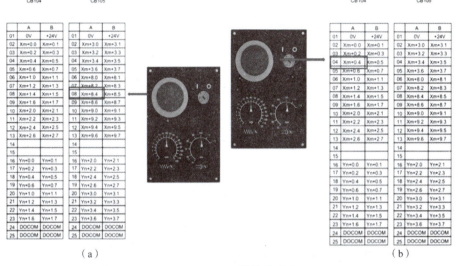

图 3 – 2 – 5　I/O 模块地址分配

四、0i – F I/O Link i 地址分配页面认知

（一）使用 I/O Link i 模块参数设定

0i – F 地址分配可以使用 I/O Link 和 I/O Link i 两条通道，在参数 No. 11933#0 和 #1 中设置即可，如图 3 – 2 – 6 所示。

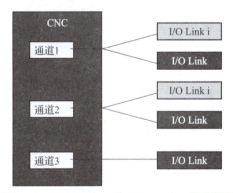

图 3 – 2 – 6　I/O Link 和 I/O Link i 通道设置

如果使用 I/O Link i 模块，并且使用 I/O Link i 通信，参数设定如图 3 – 2 – 7 所示，将参数 11933#1、#0 都设定为 1。

（二）进入 0i – F I/O Link i 地址分配页面

按照以下步骤操作进入 0i – F I/O Link i 地址分配页面。

（1）编辑许可设定。按下 "SYSTEM" → "PMC 配置" → " ▶ " → "设定"键，开启梯形图 "编辑许可" "编程器功能有效"选项，如图 3 – 2 – 8 所示。

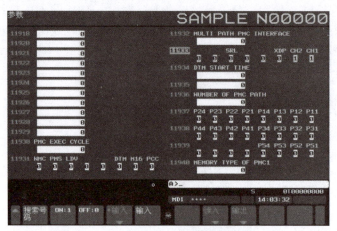

图 3 - 2 - 7 使用 I/O Link i 模块参数设定

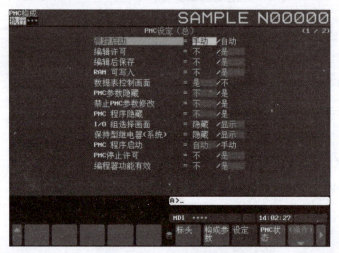

图 3 - 2 - 8 编辑许可设定

（2）进入 I/O Link i 设定页面。

按下"SYSTEM"→"▶"→"PMC 配置"→"▶"→"I/O Link i"键，进入 I/O Link i 设定页面，如图 3 - 2 - 9 所示。在这个页面中，可以对 X 信号起始地址、Y 信号起始地址、信号字节数、手轮等进行设定。各参数含义如下：

①GRP（组）。起始默认为 00，在设定过程中，依据组数，系统会自动生成相应的顺序组号。

②槽。默认为 01，系统根据硬件连接方式会自动生成。

③输入。分配输入地址的起始地址。

④输出。分配输出地址的起始地址。

⑤12 和 8 分别代表输入和输出信号的字节数。

五、I/O Link i 地址分配操作

下面以 I/O 单元（JA3 连接有手轮）地址设定为例，说明地址分配的操作过程。

（一）确定 I/O 模块地址范围

I/O 单元共有 96 个输入信号，12 字节；64 个输出信号，8 字节。由于急停信号连接在 Xm + 8.4 上，所以 I/O 单元输入信号首地址为 X0，地址范围为 X0 ~ X11；输出信号首地址为 Y0，地址范围为 Y0 ~ Y7。

（二）I/O 模块参数设定

使用 I/O Link i 模块，并且使用 I/O Link i 通信，将参数 11933#1、#0 均设定为 1。

（三）设定 PMC 配置设定画面

按照图 3 - 2 - 9 所示的设定进行 PMC 设定操作。

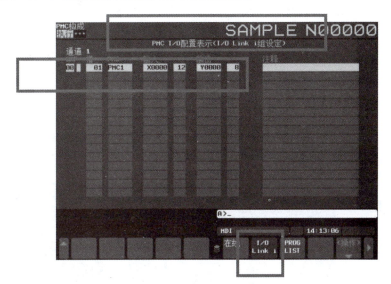

图 3 - 2 - 9 I/O Link i 设定页面

（四）I/O Link i 设定画面

（1）进入 I/O Link i 设定画面。

（2）按下软键"编辑"，进入 I/O 配置编辑页面，如图 3 - 2 - 10 所示。

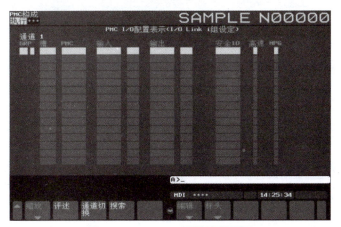

图 3 - 2 - 10 I/O 配置编辑页面

（3）按下软键"新"，新建一个组，默认为0组、PMC1，如图3-2-11所示。

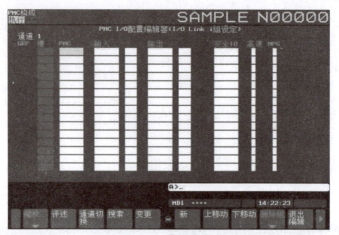

图3-2-11　新建一个组

（4）按下软键"缩放"，可对第0组I/O设备进行设定，如图3-2-12所示。将显示光标移动到"输入"处，输入"X0"，按下MDI面板上的"INPUT"键，输入X地址为12字节；将显示光标移动到"输出"处，输入"Y0"，按下MDI面板上的"INPUT"键，输出Y地址为8字节，注释区域可以不填写。

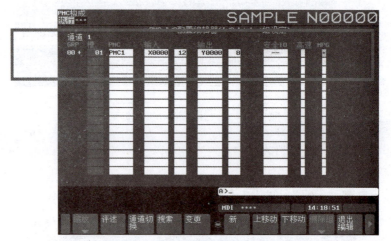

图3-2-12　I/O模块地址设定

（5）给I/O单元配置手摇脉冲发生器。在I/O Link i 主页面上按下"属性"键，将显示光标移动到本组最后一项MPG处，按下"变更"键，勾选手轮，如图3-2-13所示。

（6）按下软键"缩放"，分配手轮地址。分配结束后，按下软键"缩放结束"，退出手轮地址分配画面，如图3-2-14所示。

（7）按下软键"退出编辑"，系统提示是否将数据写入FROM，按下"是"键，第1个I/O模块地址分配完成，如图3-2-15所示。如果系统有多个I/O模块，可以通过按"新"键，增加第2个I/O模块并进行设定，具体步骤同上。

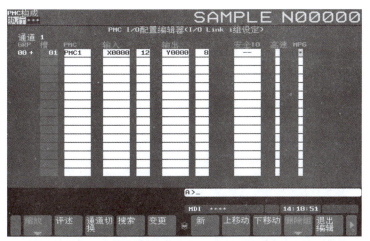

图 3 - 2 - 13　增加手轮

图 3 - 2 - 14　手轮地址分配

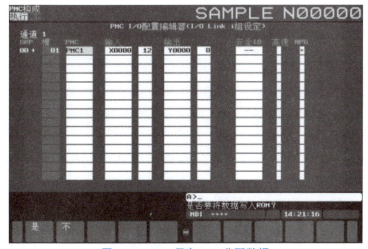

图 3 - 2 - 15　保存 I/O 分配数据

（8）地址分配完成后，按照以下步骤进入信号页面。按下"SYSTEM"→"▶"→"PMC 维护"→"信号状态"→"（操作）"键→输入 X12→按"搜索"键，这时旋转手轮，如果信号 X12 发生变化，说明手轮电缆连接正确，所产生的脉冲信号被系统接收，如图 3 – 2 – 16 所示。

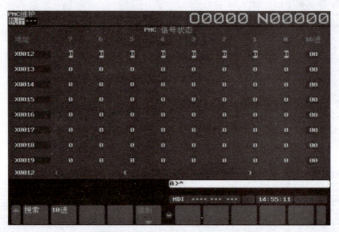

图 3 – 2 – 16　X12 信号状态

任务三　PMC 报警的故障处理

一、外部报警认识

（一）机床外部报警应用场合

机床外部报警是指非数控系统故障产生的报警，是因机床外部元器件出了故障而产生的报警，报警号以"EX"开头，如 EX1002，表示机床外部报警号为 1002。当数控系统出现 EX 开头的报警时，要从系统外部寻求报警发生的原因。

外部报警由机床制造厂家技术人员编写，通常会尽可能编写能够预测的外部报警，这些报警信息能够在数控系统显示画面显示，同时把外部报警信息汇集成册作为机床随机资料，便于用户查阅。一旦机床出现外部报警，机床最终用户可以根据报警号通过查阅资料甄别报警类别，通过查看梯形图找到故障发生的原因。

（二）机床外部报警信息与操作信息特性

机床外部信息分为机床外部报警信息和机床操作信息两种类型。

1. 机床外部报警信息

机床外部报警信息报警号范围是 EX1000 ~ EX1999，报警信息显示在报警页面下，此时 CNC 进入报警状态，机床停机，无法正常工作。机床外部报警信息页面如图 3 - 3 - 1 所示。

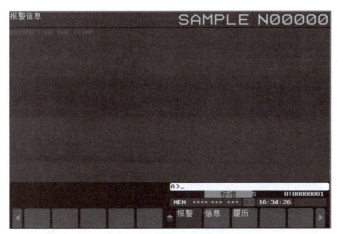

图 3 - 3 - 1　机床外部报警信息页面

2. 机床操作信息

机床操作信息报警号范围是 EX2000 ~ EX2999，操作信息显示在信息页面下。当出现操作信息报警时，机床可以正常工作。机床操作信息页面如图 3 - 3 - 2 所示。

3. 外部报警号区段与显示

外部报警号分为 EX1000 ~ EX1999、EX2000 ~ EX2099、EX2100 ~ EX2999 三个区段，分别代表报警信息和操作信息。外部报警号区段与显示见表 3 - 3 - 1。

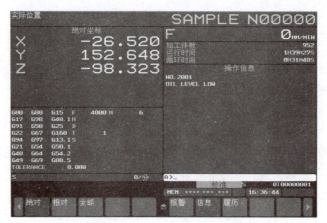

图 3 - 3 - 2　机床操作信息页面

表 3 - 3 - 1　外部报警号区段与显示

报警号	CNC 屏幕	显示内容
1000~1999	报警信息页面	报警信息（CNC 转入报警状态）
2000~2099	操作信息页面	操作信息（显示信息号和信息数据）
2100~2999		操作信息（只显示信息数据，不显示信息号）

二、PMC 处理机床外部报警

（一）机床外部报警故障处理过程

1. 设置报警号和报警信息

在 PMC 中处理机床外部报警故障时，首先是在［PMC 配置］页面［PMC CNF］下设置报警信号地址、报警号及报警信息。

如在 PMC CNF 信息页面设置报警信号地址为 A5.0，对应的报警号为 EX1001，报警信息为润滑油液位低，报警信息设置如图 3 - 3 - 3 所示。

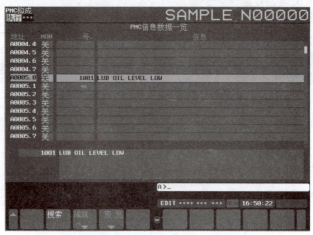

图 3 - 3 - 3　PMC 报警信息设置页面

2. 编写机床外部报警梯形图

利用 LADDER Ⅲ软件或在 PMC 梯形图画面上编辑机床外部报警语句。

如编写润滑油液位低梯形图，主要通过润滑油液位低开关信号 X5.0 触发报警信号 A5.0，同时激活信息显示功能指令 SUB41，机床外部报警梯形图如图 3 –3 –4 所示。

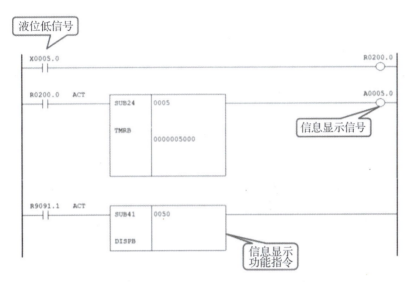

图 3 –3 –4 机床外部报警梯形图

（二）报警信息设定

按照以下步骤设定 CNC 显示页面所显示的报警信息和操作信息。

（1）按功能键"SYSTEM"，依次按软键"+"→"PMC CNF"→"信息"，进入 PMC 报警信息设定页面，如图 3 –3 –5 所示。

图 3 –3 –5 报警信息设定页面

（2）按软键"操作"→"编辑"，则进入 PMC 信息数据编辑页面，如图 3-3-6 所示。此时如果 PMC 在运行中，则进入编辑状态时，系统会出现"程序停止"的提示。

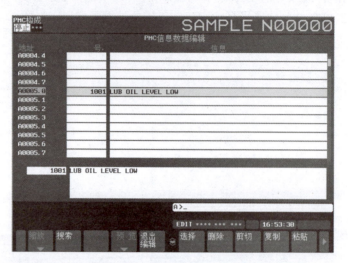

图 3-3-6 PMC 信息数据编辑页面

（3）将光标移动到要输入信息的地址上。

（4）按软键"缩放"，进入信息输入方式，输入信息地址、报警号以及相应的报警信息文本。按软键"<=）"可以切换报警号和文本信息的输入区域，输入完成后，按软键"缩放结束"。

（5）继续按软键"退出编辑"，结束信息编辑。

（6）将报警设定信息保存在 FROM 中。

（三）机床外部报警梯形图编写

编写机床外部报警梯形图时，主要是让外部报警开关信号 X，触发外部报警 A 信号，同时，使外部报警信息显示有效。外部报警信息显示有效用到信息显示功能指令 SUB41，其功能指令格式如图 3-3-7 所示。其中，"ACT"为功能指令触发信号，为"1"时功能指令有效；在功能指令中，还要填写信息数，如填写为 10，表明 CNC 可以显示 10 条机床外部信息。

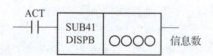

图 3-3-7 信息显示功能指令格式

（四）PMC 处理机床外部报警示例

示例：加工中心气压低信号来自压力开关，信号地址为 X0.5。当压力低于设定值时，X0.5 导通，经过定时器延时后，接通中间继电器 R173.4 线圈，进而触发 A50.2 报警信号，其梯形图如图 3-3-8 所示。

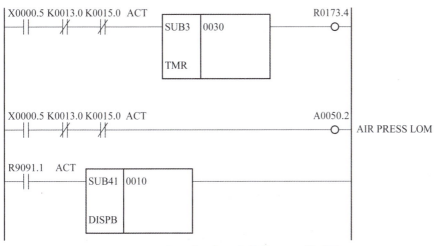

图 3 – 3 – 8　加工中心气压低信号 PMC 梯形图

任务四　PMC 的监控

一、梯形图检索

（一）梯形图页面认知

按下"SYSTEM"→"+"→"PMC 梯图"键，进入 PMC 梯形图监控与编辑功能菜单。PMC 梯形图监控与编辑功能由"列表""梯形图""双层圈检查"3 个二级子菜单构成，如图 3-4-1 所示。

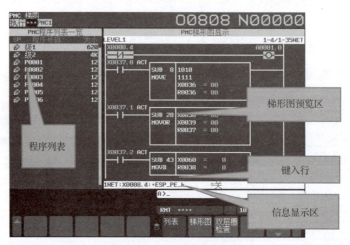

图 3-4-1　梯形图页面

1. 列表

列表包括选择、全部、级 1、级 2、子程序等，各部分作用见表 3-4-1。

表 3-4-1　程序列表各部分作用

序号	表头名称	符号	含义
1	SP 显示子程序的保护信息及程序类别		可参照、可编辑、梯形图程序
2			可参照、不可编辑、梯形图程序
3			不可参照、不可编辑、所有梯形图程序
4		选择	表示选择监控功能
5		全部	表示所有程序
6	程序号码	级 n（n 为 1，2，3）	表示梯形图的级别 1，2，3
7		P m（m 为子程序号）	表示子程序
8	大小	以字节为单位显示程序大小	程序大小超过 1 024 B 时，以 KB 为单位显示程序容量

2. 梯形图

在"PMC 梯形图"菜单下，按下"梯形图"键，进入梯形图显示与编辑页面，如图 3 – 4 – 2 所示。在该画面上，可以监控显示触点和线圈的通断状态、功能指令参数中所指定的地址内容，确认梯形图程序的动作顺序。

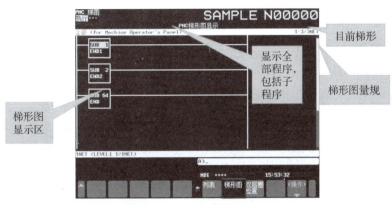

图 3 – 4 – 2　PMC 梯形图页面

3. 梯形图的菜单

按下"梯形图"→"操作"键，即进入梯形图子菜单，包括"列表""搜索菜单""编辑""转换""返回""子程序一览""PMC 切换""画面设定"等项，如图 3 – 4 – 3 所示。

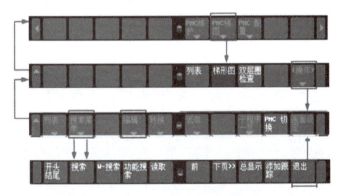

图 3 – 4 – 3　PMC 梯形图子菜单

子菜单中各项的作用如下：

（1）列表：对程序进行列表显示。

（2）搜索菜单：按照从头至尾、地址、网号、线圈、功能指令等关键词进行搜索。

（3）编辑：对梯形图以网格为单位进行删除、剪切、复制、粘贴操作，以及改变触点和线圈地址、改变功能指令参数、追加新网、改变网的形状、反映编辑结果、恢复到编辑前状态等操作。

（4）转换：选择监控页面。

（5）返回：显示之前的子程序。

（6）子程序一览。显示子程序列表。

（7）画面设定。设定梯形图显示页面的显示格式。

（二）梯形图检索

梯形图检索包括以下内容：

1. "搜索"菜单

依次按下"PMC 梯图"→"梯形图"→"（操作）"→"搜索"键，即进入梯形图查找页面，包括"开头结尾""搜索""W－搜索""读取"等子菜单，如图 3－4－4 所示。

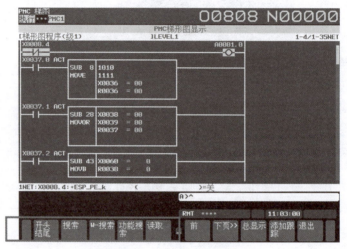

图 3－4－4　"搜索"菜单

2. 触点、线圈搜索

使用"搜索"键，输入待查找的信号地址，可以同时查找触点和线圈；如果只想查找线圈，则输入待查找的线圈地址，如 R0009.4 后，按下"W－搜索"键，即按照指定线圈地址查询，如图 3－4－5 所示。

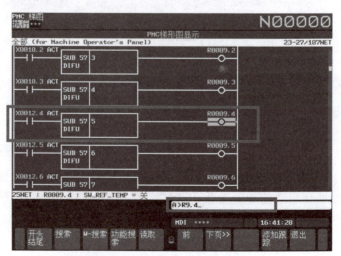

图 3－4－5　R0009.4 线圈查找

3. 梯形图网格号搜索

如果知道所要查找的触点或线圈位于梯形图的哪一行（网格号），则可以按照网格号查询。按"搜索"键，输入梯形图网格号，如30，按"搜索"键，即进入所查找的网格号梯形图页面，如图3－4－6所示。

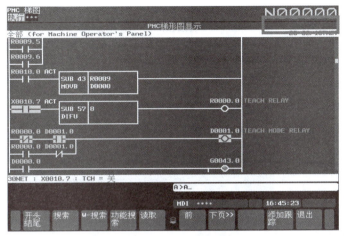

图3－4－6　按梯形图网格号搜索

4. 功能指令搜索

如果需要搜索功能指令，则可以按照功能指令的编号进行搜索。如二进制码变换功能指令的编号为43（SUB 43 MOVB），可按照以下顺序进行搜索：按"搜索"键，输入功能指令编号43，按"W－搜索"键，页面即显示所查找的功能指令，如图3－4－7所示。

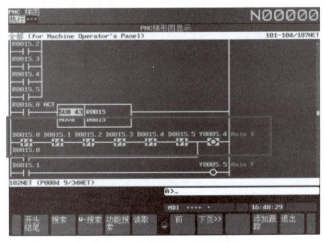

图3－4－7　功能指令搜索

二、梯形图集中监控

（一）梯形图集中监控方式

通过集中监控方式，可以将不在同一画面的网络读取至连续画面进行显示，便于观察监控的整体逻辑。

由梯形图显示页面读取监控梯图网格。步骤是：按下"PMC梯图"→"梯形图"→"（操作）"→"搜索菜单"键，输入待监控的地址，如X20.1，按"搜索"→"读取"键，这时在待监控的梯形图网格左边显示放大镜的监控标记，如图3－4－8所示。如果还有其他的逻辑，可继续进行该操作。

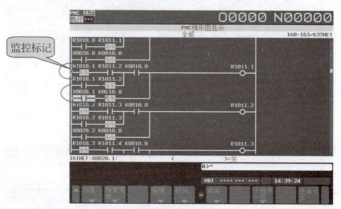

图3－4－8　梯形图网格集中监控方法

按下"转换"软键可以切换到梯形图"选择监测"页面，在这里将需要监控的梯形图网格集中在"选择监测"页面上，便于查看相关梯形图网格之间的逻辑关系，如图3－4－9所示。

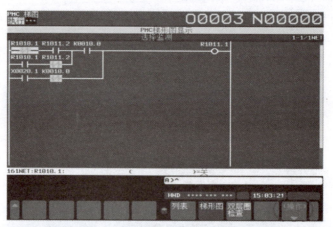

图3－4－9　梯形图网格集中选择监测页面

（二）梯形图网格监控方式

按照以下步骤进入监控画面：按下"PMC梯图"→"梯形图"→"（操作）"→"转换"键，进入"选择监测"页面。一开始由于没有设定待监测信号，因此页面为空白，如图3－4－10所示。

输入待监控的地址如X12.4，按"读取"键，这时在"选择监测"页面出现待监控的梯形图网格，按下"转换"键，也可以切换至梯形图页面，如图3－4－11所示，相关梯形图网格前面有监测标记。

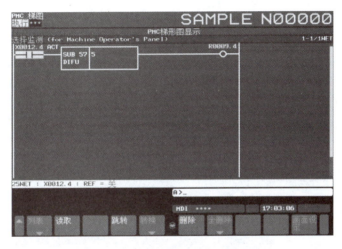

图 3 - 4 - 10　进入梯形图"选择监测"页面

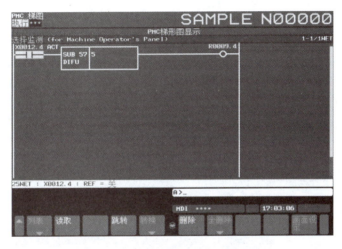

图 3 - 4 - 11　梯形图"选择监测"页面

三、LADDER Ⅲ软件使用初步

FANUC LADDER Ⅲ软件是 FANUC 系统 PMC 程序专用编程软件，安装在 PC 机上，可以新建和编辑 PMC 程序，也可以通过软件与 CNC 系统进行在线监控梯形图状态，非常适合现场封闭式的自动生产线的维修，其软件图标如图 3 - 4 - 12 所示。

四、梯形图在线监控

借助 LADDER Ⅲ软件，建立数控系统 NC 和电脑 PC 之间的通信，就可以在 PC 机上在线监控数控系统 PMC 状态。

（一）数控系统 IP 地址设定

1. 公共参数设定

按"SYSTEM"→"+"→"内藏口"→"公共"键，

图 3 - 4 - 12　FANUC
LADDER Ⅲ软件图标

进入以太网参数设置页面，可根据实际情况设定 CNC 的 IP 地址，通常使用推荐值 192.168.1.1，如图 3 – 4 – 13 所示。

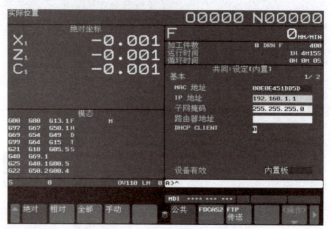

图 3 – 4 – 13　公共参数设定页面

2. FOCAS2 参数设定

按 "FOCAS2" 键，进入 FOCAS2 参数设定页面，用于设定 TCP、UDP 端口和时间间隔。通常 TCP 端口设定为 8193，UDP 端口设定为 8192，时间间隔根据实际需要设定，一般设定为 10 s 即可，如图 3 – 4 – 14 所示。这时系统侧 IP 地址设定完成。

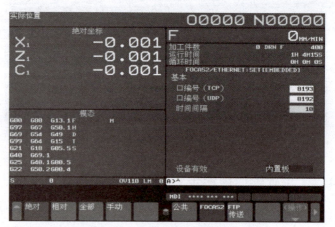

图 3 – 4 – 14　FOCAS2 参数设定页面

（二）PMC 在线功能设定

按 "SYSTEM" → "▶" → "PMC 配置" → "在线" 键，进入在线监测参数设定页面，将高速接口设为 "使用"，如图 3 – 4 – 15 所示。

（三）PC 侧 IP 地址设定

PC 侧 IP 地址与数控系统侧 IP 地址设定要遵循以下原则：IP 地址前 3 位必须一致，最后一位必须不同。例如，数控系统侧的 IP 地址设定为 192.168.1.1，则 PC 侧的 IP 地址可设定为 192.168.1.2。对子网掩码，PC 侧和数控系统侧的设定必须一致，其他数值在 PC 侧可以自动生成。PC 侧 IP 地址设定页面如图 3 – 4 – 16 所示。

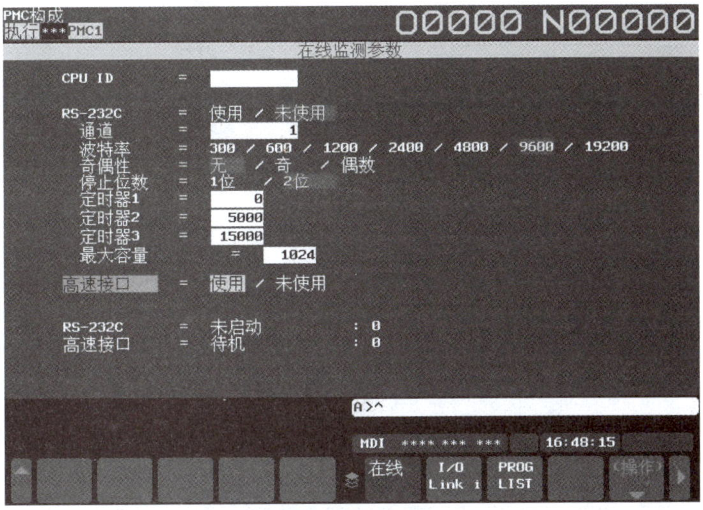

图 3 - 4 - 15　在线监测参数设定页面

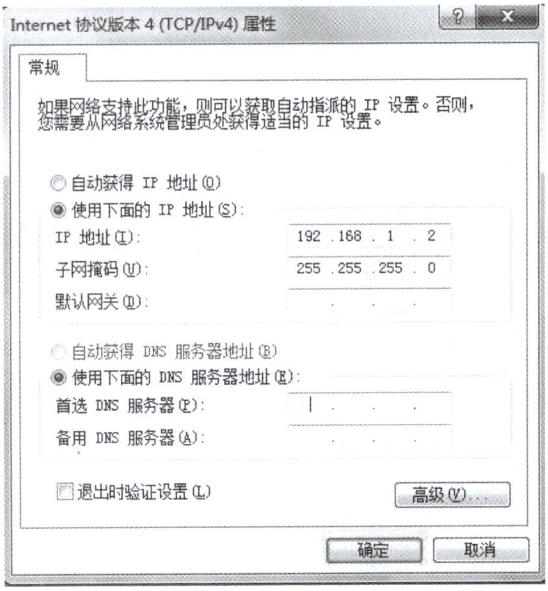

图 3 - 4 - 16　PC 侧 IP 地址设定页面

（四）建立 LADDER Ⅲ 软件与数控系统通信

1. 主机地址设定

选择 LADDER Ⅲ 软件 "Tool" 下拉菜单中的 "Communication" 选项，选择 "Network Address" 选项卡进行主机地址添加。选择 "Add Host"，弹出 "Host Setting Dialog" 对话框，输入数控系统的 IP 地址 192.168.1.1，如图 3 - 4 - 17 所示，将数控系统认为是主机。输入完成后，数控系统的 IP 地址将出现在 "Network Address" 选项卡中。

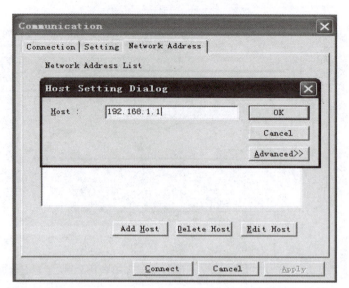

图 3 - 4 - 17　LADDER Ⅲ软件主机 IP 地址设定

2. PC 侧 IP 地址设定

　　继续选择"Tool"下拉菜单中的"Communication"选项，选择"Setting"选项卡进行 PC 侧地址配置。将"Enable device"中的主机 IP 地址（数控系统端的 IP 地址）选中，单击"Add"按钮，将 PC 侧 IP 地址 192.168.1.2 添加到"Use device"中，如图 3 - 4 - 18 所示。

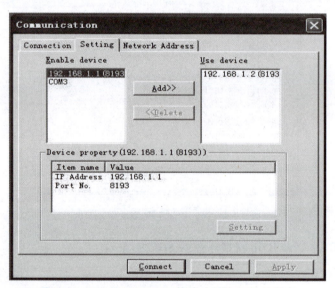

图 3 - 4 - 18　LADDER Ⅲ软件 PC 侧 IP 地址设定

3. 建立通信

　　单击"Communication"对话框中的"Connect"按钮，开始 PC 与数控系统的连接，连接过程如图 3 - 4 - 19 所示。连接完成后，单击"Close"按钮，LADDER Ⅲ软件即在线显示数控系统梯形图页面。

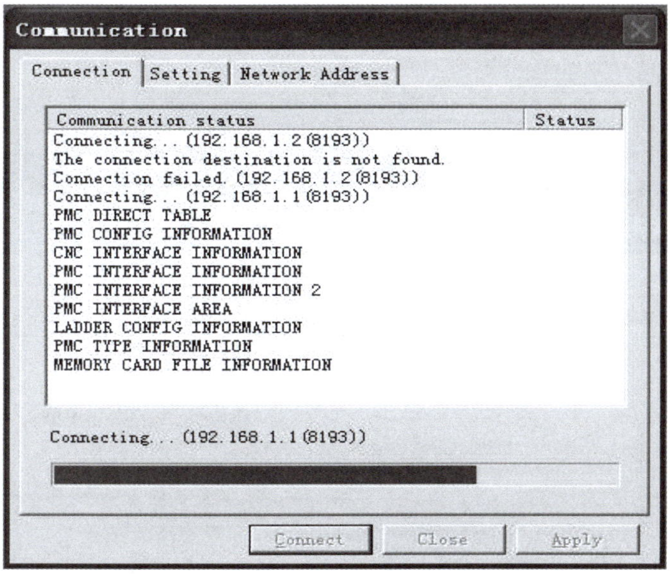

图 3 - 4 - 19　PC 与数控系统的连接过程

项目四　数控机床故障诊断与维修

知 识 树

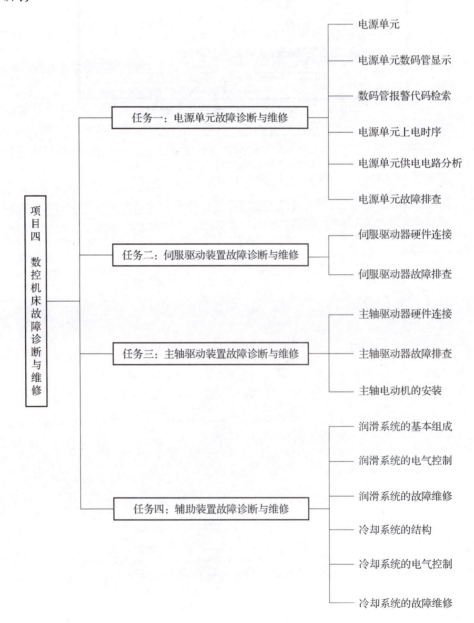

项目四　数控机床故障诊断与维修

任务一：电源单元故障诊断与维修
- 电源单元
- 电源单元数码管显示
- 数码管报警代码检索
- 电源单元上电时序
- 电源单元供电电路分析
- 电源单元故障排查

任务二：伺服驱动装置故障诊断与维修
- 伺服驱动器硬件连接
- 伺服驱动器故障排查

任务三：主轴驱动装置故障诊断与维修
- 主轴驱动器硬件连接
- 主轴驱动器故障排查
- 主轴电动机的安装

任务四：辅助装置故障诊断与维修
- 润滑系统的基本组成
- 润滑系统的电气控制
- 润滑系统的故障维修
- 冷却系统的结构
- 冷却系统的电气控制
- 冷却系统的故障维修

学习目标：

1. 掌握电源电路检测方法并排除电源单元故障。
2. 掌握伺服驱动器电源控制回路硬件连接。
3. 能够准确地检查伺服驱动器常见故障。
4. 熟悉主轴驱动器控制回路各接口管脚的含义。
5. 掌握主轴驱动器报警故障排查的方法。
6. 熟悉数控机床润滑冷却装置的基本组成。
7. 能够进行润滑、冷却装置的故障诊断与维修。
8. 具备 6S 职业素养。
9. 具备精益求精的工匠精神。

项目描述：

在数控机床硬件电路中，电源单元、伺服驱动装置、主轴驱动装置、辅助装置是非常重要的电气控制部件，这些部件在生产中出现了故障，应尽快进行排查和处理。

（1）简述根据电源单元数码管显示和电源单元故障显示进行电源单元的故障诊断与排除的方法。

（2）根据伺服驱动装置和主轴驱动装置的电气连接图，简述对伺服驱动装置和主轴驱动装置的故障进行诊断与排除的方法。

（3）根据润滑和冷却系统的梯形图信息，简述润滑系统和冷却系统的故障诊断与排除的方法。

项目分析：

本项目主要学习数控机床电源单元、伺服驱动装置、主轴驱动装置、辅助装置的基本组成、硬件连接、故障诊断与维修等内容。通过本项目的学习，学生能够对电源单元、伺服驱动装置、主轴驱动装置、辅助装置等电气部件进行诊断与维修。

学习笔记

任务一　电源单元故障诊断与维修

一、电源单元

（一）数控系统伺服控制类型

数控系统的伺服控制系统按照电源主回路输入电压高低，分为三相 400 V 高压伺服和三相 200 V 低压伺服两种类型。高压和低压伺服系统除了电源规格不同外，其余伺服控制原理与器件知识是相同的。下面以低压伺服系统为例进行介绍。

数控系统伺服控制单元分为 αi 系列和 βi 系列。αi 系列有独立的电源单元，配置主轴模块和伺服模块，完成对主运动和进给运动的控制。αi 系列伺服控制硬件配置（铣床）如图 4 - 1 - 1 所示，由电源单元、主轴模块、两个伺服模块构成。βi 系列伺服驱动器则没有独立的电源单元。

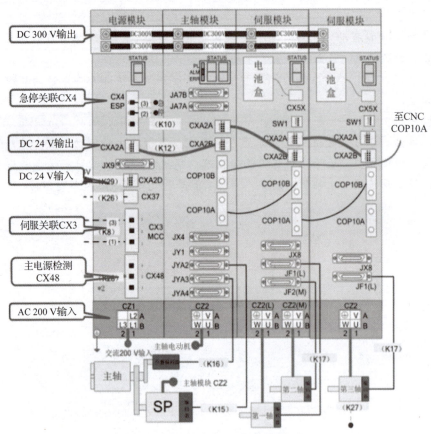

图 4 - 1 - 1　αi 系列伺服控制硬件配置

（二）电源单元的作用

1. 强电输入与整流

电源单元通过 CZ1/TB1 接口输入 200 V 三相交流电，经过内部整流电路转换成直流电，为主轴放大器和伺服放大器提供 300 V 直流电源（此条直流回路也称为 DC Link 回路）。在运动指令控制下，主轴放大器和伺服放大器经过由 IGBT 模块组成的三相逆变回路输出三相变频交流电，控制主轴电动机和伺服电动机按照指令要求的动作运行，并且在电动机制动时，将电动机制动的能量经过转换反馈回电网。

2. 提供控制电源

电源单元通过 CXA2D/CXA2C 接口输入 24 V 直流电源，通过 CXA2A→CXA2B 方式为主轴模块、伺服模块提供 DC 24 V 控制电源。

3. 安全保护

通过 CX3（MCC）接口检查伺服就绪信号；通过 CX4（ESP）接口检查急停关联信号。只有在急停解除且伺服就绪的情况下，才能够给电源单元输入 200 V 交流电，保证主轴模块、伺服模块安全工作。

二、电源单元数码管显示

电源单元本体具备检测回路，可以检测器件本身以及外部电源回路的故障，并通过本体上的数码管状态进行显示，对应到数控装置上显示的报警。因为从与 CNC 通信来看，电源单元没有与 CNC 直接的通信回路，而是借助主轴或伺服驱动器控制回路（FSSB 回路）与 CNC 建立通信，在数控装置页面上就会显示出全轴的伺服和主轴报警，不利于故障的判断，所以，当数控装置上出现全轴报警时，建议通过读取电源单元数码管的状态进行故障分析和判断。

（一）电源单元数码管显示位置

电源单元上有一个双位 7 段数码显示窗口，通过字符加数字显示电源单元的状态。数码管旁边配有 3 个 LED 指示灯，从上到下依次为电源灯（绿）、报警灯（红）、错误灯（黄）。电源单元数码管显示位置在电源单元上方，如图 4 – 1 – 2 所示。

图 4 – 1 – 2　电源单元数码管显示位置在电源单元上方

（二）电源单元数码管显示作用

当数控系统发生伺服报警时，显示器上会显示 SV 开头的报警号。伺服报警可能是电源单元故障导致的（如伺服就绪、急停、控制电源等），也可能是伺服本身的原因导致的（如 FSSB 信号、编码器反馈等）。在进行故障判断时，除了观察显示器显示的 SV 报警号外，还要观察电源单元、伺服模块的数码管显示状态。因为电源单元、伺服模块本身具备检测回路，很多故障可以通过器件检测回路检测出来，并通知数控系统转换成 SV 开头的伺服报警。

（三）电源单元数码管显示与状态判断

部分电源单元数码管显示与电源单元状态关系见表 4-1-1。接通控制电源的情况下，电源单元数码管显示为"-"；当与 CNC 建立通信后，数码管显示为"00"；当电源单元检测到一些异常时，会以红色 LED 配合数码管相应的数字显示，由系统产生相应的报警，并停止机床运行。如果没有红色 LED 显示的数字，则为警告（系统也会有相应的信号传递给 PMC，由 PMC 控制机床运行或产生警告信息），持续发出警告状态一段时间后，进入报警状态。

完整电源单元数码管报警代码请查阅电动机放大器等维修说明书。

表 4-1-1 部分电源单元数码管显示与电源单元状态关系

报警 LED	错误 LED	显示编号	内容
		不显示	未接通控制电源或硬件不良
		英文数字	接通电源后大约 4 s 的时间里，软件系列/版本分 4 次进行显示。 最初的 1 秒：软件系列前 2 位； 下一秒：软件系列后 2 位； 下一秒：软件版本前 2 位； 下一秒：软件版本后 2 位。 例如，软件版本系列 9G00/01.0 版的情况： 9 G → 0 0 → 0 1 → 0
	——		正在确立与伺服放大器或主轴放大器的串行通信
	SC 闪烁		在故障诊断功能中，正在执行伺服放大器或主轴放大器的自我诊断
	FC 闪烁		正在确认通用电源、伺服放大器及主轴放大器中的软件的兼容性。通常确认处理瞬间完成，进入灯亮状态。 FC 闪烁状态未结束时，①通用电源、伺服放大器及主轴放大器之间（电缆 CxA2A、CXA2B），②CNC-伺服放大器或主轴放大器之间（FSSB 连接），可能存在错误连接。请再次确认配线
	——		确立与伺服放大器或主轴放大器的串行通信
		00 闪烁	预充电动作中
		00	主电源准备就绪

报警 LED	错误 LED	显示编号	内容
灯亮		显示 01 ~	报警状态
		显示 01 -	警告状态

三、数码管报警代码检索

出现故障时，首先应该掌握通过说明书检索故障报警的原因。下面以电源单元数码管出现报警"2"为例，介绍如何查找故障和解决故障的步骤。

根据电源单元数码管显示报警号"2"，查阅《B－65515_CM αi/βi 系列电动机放大器维修说明书》（后简称维修说明书），目录中对应报警号"2"的章节是"Ⅱ－3.1.2"，进入章节找到对应报警号可能的报警原因。然后根据维修说明书提示的故障原因进行检测和排查。

四、电源单元上电时序

αi－B 系列放大器有独立电源单元，电源单元各电源接口如图 4－1－3 所示。

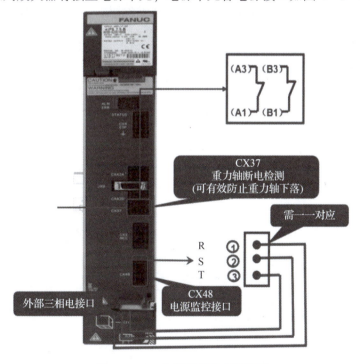

图 4－1－3　电源单元各电源接口

数控系统电源接通、切断顺序如下：

1. 数控系统电源接通顺序

（1）机械整体的电源上电（AC 输入）。

（2）伺服放大器控制电源上电（DC 24 V 输入）。

（3）I/O Link i 上所连接的从控 I/O 设备、分离型检测器 I/F 单元的电源（DC 24 V）、控制单元的电源（DC 24 V）、分离型检测器（量尺）电源上电。

各模块上电时序关系如图 4 - 1 - 4 所示。

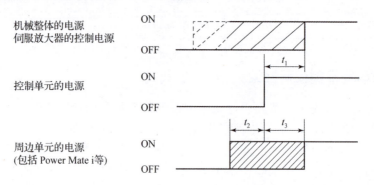

图 4 - 1 - 4　各模块上电时序关系

2. 数控系统电源切断

（1）I/O Link i 上所连接的从控 I/O 设备、分离型检测器 I/F 单元的电源（DC 24 V）、控制单元的电源（DC 24 V）切断。

（2）伺服放大器控制电源（DC 24 V）、分离型检测器（量尺）电源切断。

（3）机械整体的电源（AC 输入）切断。

各模块断电时序关系如图 4 - 1 - 5 所示。

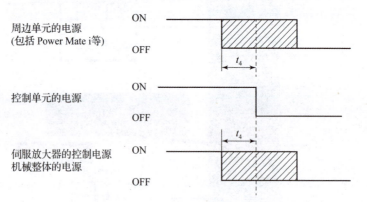

图 4 - 1 - 5　各模块断电时序关系

五、电源单元供电电路分析

（一）总电源电路分析

数控机床总电源，取自用户提供的 380 V 交流电，经过设备保护断路器配送至机床电气柜。数控机床总电源电路如图 4 - 1 - 6 所示。

（二）伺服主电源电路分析

来自设备总漏电断路器 QF1 的 380 V 交流电，经过变压器 TM1，电压值变为 210 V 交流，满足 FANUC 伺服放大器对输入电源电压的要求。伺服主电源电路如图 4 - 1 - 7 所示。

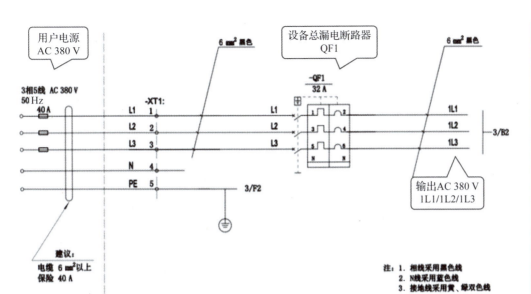

图 4 –1 – 6　数控机床总电源电路

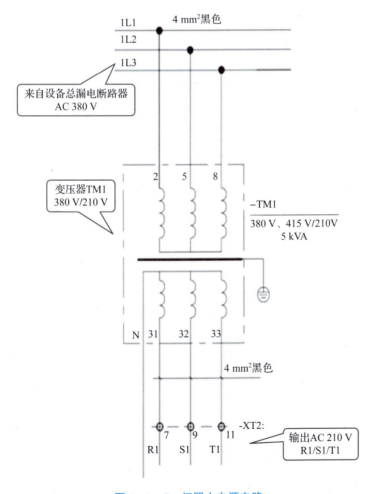

图 4 – 1 – 7　伺服主电源电路

（三）电源单元三相交流电输入电路分析

电源单元三相交流电输入电路如图 4-1-8 所示。

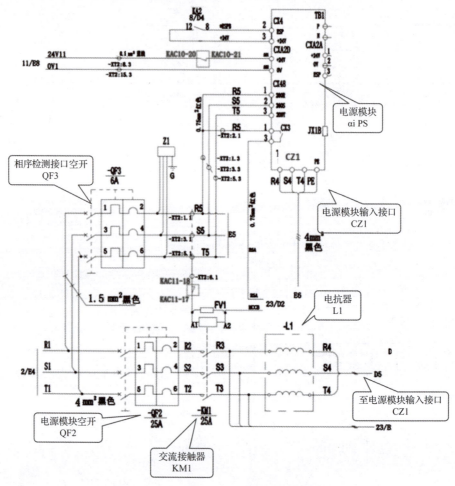

图 4-1-8　电源单元三相交流电输入电路

1. CZ1 接口电源输入

电源单元 200 V 三相交流电通过底端接口 CZ1 输入。电源传输路径如下：来自变压器 TM1 输出端 R1/S1/T1 200 V 三相交流电→电源单元断路器 QF2→交流接触器 KM1 常开触点→电抗器 L1→电源单元输入接口 CZ1。

2. CX48 接口电源输入

三相交流电异常检测接口 CX48 要求电源输入相序与 CZ1 完全相同。电源传输路径如下：来自变压器 TM1 输出端 R1/S1/T1 200 V 三相交流电→相序检测接口断路器 QF3→三相交流电异常检测接口 CX48。

（四）数控系统 24 V 直流电源电路分析

数控系统 CNC 模块、I/O 模块、机床操作面板、电源单元等都需要 24 V 直流电源作为工作电源。开关电源 GS1 将 220 V 交流电整流为 24 V 直流电，为各个模块供电。

数控系统 24 V 直流电源电路如图 4 – 1 – 9 所示。

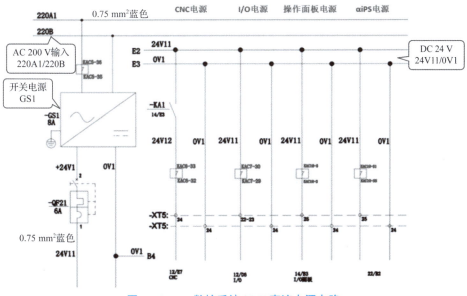

图 4 – 1 – 9　数控系统 24 V 直流电源电路

（五）CX3（MCC）电路分析

1. CX3 接口

CX3（MCC）接口是电源单元或一体化放大器上一个内部继电器接口，当系统上电放大器准备就绪后，内部继电器常开触点 CX3 导通，作为伺服上电的前提条件。只有在伺服准备就绪后，才能给伺服放大器提供 AC 200 V 动力电源。

2. MCC 管脚

MCC 内部继电器管脚如图 4 – 1 – 10 所示。交流接触器线圈通过交流电源与 MCC 的 1、3 管脚相连，当 MCC 常开触点闭合后，交流接触器线圈导通，通过交流接触器常开触点控制电源单元动力电源接通。

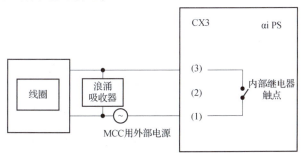

图 4 – 1 – 10　MCC 内部继电器管脚

3. MCC 控制电路

MCC 控制电路如图 4 – 1 – 11 所示。200 V 交流电源、交流接触器线圈 KMI、CX3 触点构成一个回路，当伺服准备就绪后，CX3 闭合，交流接触器线圈 KM1 线圈得电，其常开触点闭合，电源单元接口 CZ1 接通 200 V 三相交流电。

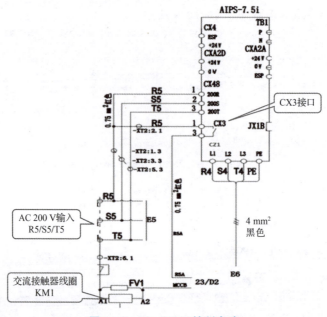

图 4 - 1 - 11　MCC 控制电路

（六）CX4（ESP）电路分析

1. CX4 管脚

CX4 接口用于伺服放大器判断数控系统是否有外部故障。CX4 管脚接线如图 4 - 1 - 12 所示。当未按下急停按钮时，CX4 两个管脚 2、3 处于短接状态；如果按下了急停按钮，CX4 两个管脚 2、3 处于断开状态，表明存在数控系统外部故障。

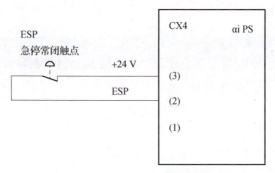

图 4 - 1 - 12　CX4 管脚接线

2. 急停电路

急停控制电路如图 4 - 1 - 13 所示。当未按急停按钮时，中间继电器 KA2 线圈得电，常开触点闭合；当按下急停按钮时，中间继电器 KA2 线圈失电，常开触点断开。KA2 常开触点接至电源单元 CX4 管脚上。

3. CX4 电路

CX4 电路如图 4 - 1 - 14 所示。KA2 常开触点接至 CX4 的第 2、3 管脚上，只要第 2、3 管脚处于短接状态，就表明没有外部故障。

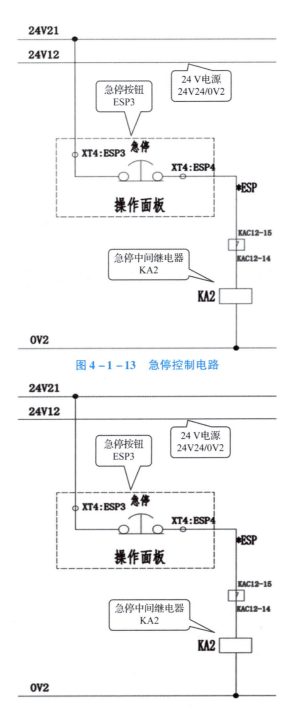

图 4-1-13　急停控制电路

图 4-1-14　CX4 电路

六、电源单元故障排查

(一) 电源单元状态显示 LED 指示灯未亮故障排查

1. 故障现象

数控系统上电后，电源单元状态显示 LED 指示灯未亮，同时，数控系统显示画面显示"SV1067 FSSB 配置错误（软件）""SP1999 主轴控制错误"报警。数控系统开机检测报警信息页面如图 4 - 1 - 15 所示。

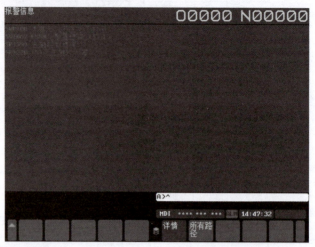

图 4 - 1 - 15　数控系统开机检测报警信息页面

2. 故障排查

根据电源单元数码无显示，数控系统显示伺服、主轴通信报警，如果从数控系统显示报警分析，涉及故障原因很多，但从电源单元数码管不亮角度看，通信故障为电源故障产生的，具体原因见表 4 - 1 - 2。

表 4 - 1 - 2　数控系统报警、电源单元数码管不亮故障可能原因

电源单元数码管不亮	SV1067	SP1987
（1）尚未接通控制电源 （2）控制电源电路不良	（1）发生了 FSSB 配置错误 （2）所连接的放大器类型与 FSSB 设定值存在差异	CNC 端 SIC - LSI 不良

（1）确认电源单元控制电源状态。

αi - B 系列伺服控制单元由外部开关电源通过接口 CXA2D 提供 24 V 直流电源，然后由电源单元通过 CXA2A - CXA2B 接口给主轴模块、伺服模块提供 24 V 控制电源。这时应该检查 CXA2D 插头输入电压大小及电压极性。CXA2D 管脚连接如图 4 - 1 - 16 所示。

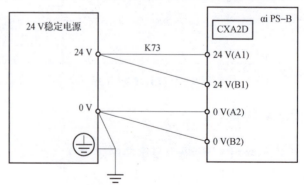

图 4 - 1 - 16　CXA2D 管脚连接

（2）确认电源单元保险状态。

按照电源单元侧板上下锁扣，将电路板从电源单元罩壳中抽出来，如图4-1-17所示，检查熔断器FU1的通断状态。

FU1(3.2A)
（额定显示颜色：白）

图4-1-17　电源侧板

（3）确认是电源单元外围器件连线短路故障还是器件本体电源回路故障。

拆卸电源单元所有外部连线，如CX2A、CX3、CX4的连线，只保留CXA2D的DC 24 V电源连线，确认LED显示是否正常。如果LED点亮，说明是外部故障；如果LED不亮，说明是电源单元本身的故障。电源单元排除法接线示意如图4-1-18所示。

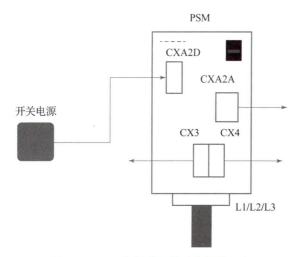

PSM

CXA2D

CXA2A

开关电源

CX3　CX4

L1/L2/L3

图4-1-18　电源单元排除法接线示意

（4）如果为外部故障，再分别插接拆卸电缆判断短路点，如果为内部短路，则更换电源单元。

（二）电源单元状态显示LED指示为"6"故障排查

1.故障现象

电源单元状态显示LED指示为"6"，故障原因指向控制电源电压下降，同时，数控系统显示"SV432转换器控制电流低电压""SP9111转换器控制电流低电压"报警。

2. 故障排查

全轴报警，首先检查电源单元，正常情况下，电源单元控制电源电压值应≥22.8 V，低于该值就会出现报警。这时应检查提供 24 V 直流电压的开关电源至电源单元 CXA2D 接口的整个链路的连接情况和电压情况。

3. 故障排除

如果外部电源异常，则更换；反之，更换电源单元。

（三）电源单元状态显示 LED 指示为"1"故障排查

1. 故障现象

电源单元状态显示 LED 指示为"1"，故障原因指向主电路电源模件（IPM）出现异常，同时，数控系统显示"SV437 转换器输入电路过电流""SP030 转换器输入电路过电流"报警。

2. 故障排查

（1）测量交流接触器前端三相交流电压是否在正常范围、三相间是否平衡。

（2）检查交流接触器是否良好，并尝试更换。

（3）测量电抗器绕组间阻值是否正常、平衡，并尝试更换。

（4）如果以上都没有问题，则更换电源单元模块。

（四）电源单元状态显示 LED 指示为"5"故障排查

1. 故障现象

电源单元状态显示 LED 指示为"5"，故障原因指向 DC 链路短路、充电电流限制电阻故障，同时，数控系统显示"SV442 转换器 DC 链路充电异常""SP9033 转换器 DC 链路充电异常"报警。

2. 故障排查

（1）断电情况下，测量 CX48 与 L1/L2/L3 之间是否连接且相序是否一致。

（2）测量交流接触器前端电压是否正常。

（3）检查交流接触器线圈回路是否存在除 CX3 之外的触点，并确认其状态。

（4）尝试更换电源单元。

（5）如以上操作仍未解决故障，则尝试判断故障是否由直流母线回路短路引起的，确认连接的伺服或主轴单元是否良好。

CX48 管脚示意如图 4-1-19 所示。

（五）电源单元状态显示 LED 指示为"4"故障排查

1. 故障现象

电源单元状态显示 LED 指示为"4"，故障原因指向主电路电源切断，同时，数控系统显示"SV433 转换器 DC 链路低电压""SP9051 转换器 DC 链路低电压"报警。此时，电源模块、主轴模块数码管显示如图 4-1-20 所示。

2. 故障排查

（1）确认三相交流输入电压以及接触器线圈控制回路是否正常。

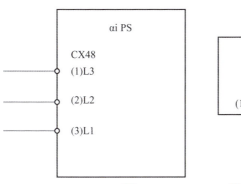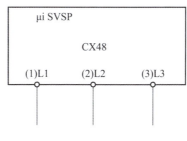

图 4 – 1 – 19　CX48 管脚示意

（2）尝试更换电源单元。

（3）如果在运动中出现该故障，则动态监测输入电源以及交流接触器吸合状态。

图 4 – 1 – 20　DC Link 报警数码管显示

（六）电源单元状态显示 LED 指示为 "2/A" 故障排查

1. 故障现象

电源单元状态显示 LED 指示为 "2/A" 时，数控系统也同时显示伺服报警和主轴报警，数控系统显示报警见表 4 – 1 – 3。从故障描述可以看出，电源单元数码指示、主轴、伺服报警全部指向风扇故障。

表 4 – 1 – 3　电源单元状态显示 LED 指示为 "2/A" 时数控系统显示报警

报警信息	电源单元数码显示报警	数控系统显示报警
2	控制电路部的冷却风扇停止	SV443 转换器、冷却风扇停止
A	外部冷却散热片的冷却风扇停止	SV606 转换器、散热器冷却风扇停止

风扇电动机有三根线，两根是电源线，提供电动机旋转动力；另外一根是风扇转速模拟检测信号线，连接到控制器的主板上，正常旋转时是 + 5 V 电压，允许误差范围

是±5%。如果风扇扇叶脏了，转速下降造成模拟电压值低于4.75 V，就会出现风扇报警。

2. 故障排查

（1）确认是内部还是外部风扇报警。

（2）确认风扇扇叶是否附着油污，尝试清洁风扇。

（3）更换风扇。

（4）更换电源单元。

任务二　伺服驱动装置故障诊断与维修

一、伺服驱动器硬件连接

以发那科 αi 系列为例进行介绍。

（一）伺服驱动器上电

机床总电源接通，通过电源单元模块或主轴驱动器（通常连接顺序为主轴驱动器）的 CXA2A 连接至伺服的 CXA2B（如果有下一级的伺服，则由该伺服的 CXA2A 接续输出），如图 4 - 2 - 1 所示。伺服驱动器控制回路得电，数码管点亮，CXA2A→CXA2B 连接，随后接通 CNC 控制器电源，通过 FSSB 光纤 COP10A→COP10B 与伺服建立通信，伺服数码管变为"0"，伺服电动机励磁。

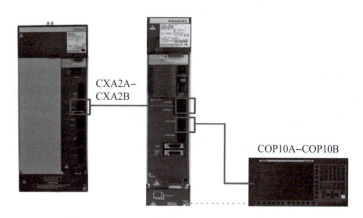

图 4 - 2 - 1　伺服驱动器上电

（二）伺服驱动器电源的连接

伺服驱动器控制电源来自电源单元和伺服驱动器 CXA2A→CXA2B，另外一路电源就是伺服驱动器驱动伺服电动机的主回路电源，如图 4 - 2 - 2 所示。伺服驱动器也可以称为逆变器，将电源单元输出的直流 300 V 逆变成驱动电动机运行的交流电，这条电源回路称为 DC Link 回路。

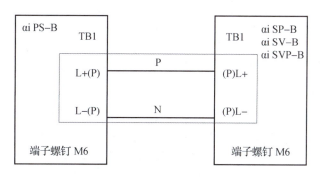

图 4 - 2 - 2　伺服电动机主回路电源接口

（三）通信

通信回路，一条来自与 CNC 控制器的光纤通信回路 COP10A→COP10B（如有下一级驱动器，则由 COP10A 输出），一条来自电源单元的通信回路 CXA2A→CXA2B，如图 4-2-3 所示。

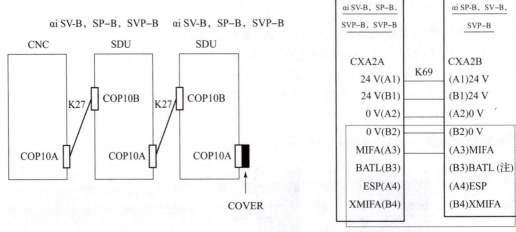

图 4-2-3　来自电源单元的通信回路

（四）电动机动力线

伺服驱动器与电动机的连接，有动力线连接和编码器反馈连接两种。其中，动力线相序必须按照图 4-2-4 所示进行连接，否则，电动机不能正常旋转。

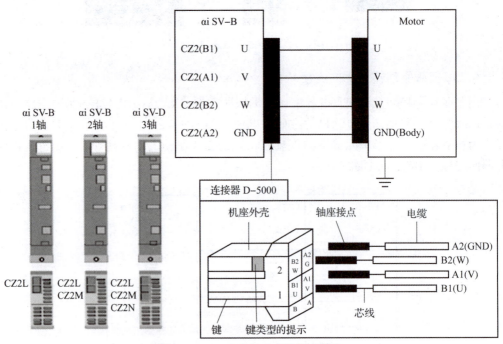

图 4-2-4　电动机动力线相序连接

（五）电动机编码器反馈

1. 伺服电动机的编码器

反馈至伺服驱动器的 JFx 端口，x 为驱动电动机的轴号。例如：JF2 为第 2 轴编码器反馈。如果电动机编码器为绝对位置编码器，还需要在伺服驱动器上加装 6 V 电池给编码器供电。

2. 外置电池连接方式

外置电池盒安装 4 节 1.5 V 碱性干电池，给所有的驱动器连接的编码器供电，如图 4 - 2 -5 所示。外置连接方式时，CXA2A—CXA2B 间的电缆会追加 6 V 连线回路（切不可应用在内置连接方式下）。

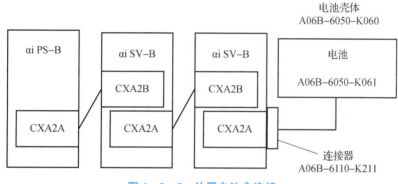

图 4 - 2 -5　外置电池盒连接

3. 内置电池连接方式

在驱动器上安装 6 V 的锂电池，给该驱动器所连接的编码器供电，如图 4 - 2 - 6 所示。

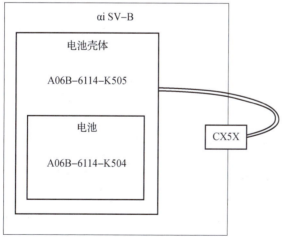

图 4 - 2 - 6　内置电池连接方式

（六）连接总图

以双轴驱动器为例，连接总图如图 4 - 2 -7 所示（βi 驱动器的硬件端口与 αi 的基本一致）。

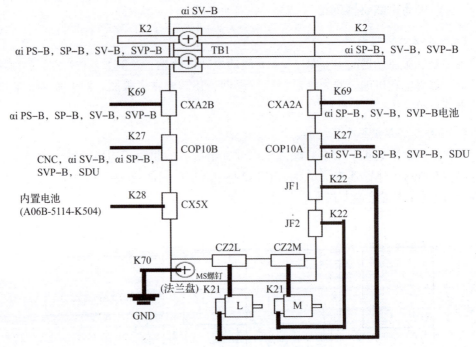

图 4 - 2 - 7　αi 双轴驱动器连接总图

二、伺服驱动器故障排查

（一）伺服驱动器数码管不亮

1. 故障现象

伺服驱动器数码管不亮，CNC 系统上电后，通信检测异常，SV1067 FSSB 通信报警。

2. 故障排查

（1）确认伺服驱动器前级连接的设备，如电源单元或主轴、伺服驱动器数码管是否点亮。如果不亮，检查前级设备电源回路；如果点亮，拔下 CXA2 电缆，并测量端口控制电压，确认输入电压是否正常，跨接电缆线是否完好。

（2）按住伺服驱动器侧板上、下锁扣，拔出伺服驱动器侧板，检查电路板 FU1（3.2 A）保险。

（3）如果输入电源和保险没有问题，则应该是短路造成的故障，拔下伺服驱动器上的反馈电缆以及电动机动力线，确认数码管是否点亮。如果数码管点亮，则是外部短路引起的，确认伺服电动机绕组对地，以及编码器是否存在短路；反之，则为伺服驱动器内部电源故障，尝试更换伺服驱动器。

（二）控制电源降低

1. 故障现象

伺服驱动器数码管显示"2"，CNC 页面显示 SV434 报警。

2. 故障排查

（1）确认伺服驱动器 CXA2B 端口 +24 V 输入电压。

（2）更换 CXA2A – CXA2B 跨接电缆。

（3）更换伺服驱动器。

（三）DC Link 电压低（主回路电源）

1. 故障现象

伺服驱动器数码管显示"5"，CNC 画面显示 SV435 报警。

2. 故障排查

（1）确认直流母线螺钉是否拧紧。

（2）如果报警发生在多个轴上，参照电源单元 DC Link 电压低报警处理方法。

（3）确认驱动器侧板是否接插牢固。

（4）尝试更换伺服驱动器。

（四）伺服电动机过电流

1. 故障现象

伺服驱动器显示"b"（第 2、3 轴显示"c""d"），CNC 画面显示 SV438。

2. 故障排查

（1）确认伺服参数电流，检测以下参数是否正确：0i – D/F、31i – B、No2004、No2040、No2041，或尝试执行伺服参数初始化，载入标准参数确认。

（2）确认驱动器侧板是否插接牢固。

（3）如果降低速度，过流报警消失，则尝试延长加、减速时间。

（4）拆下电动机动力线，测量电动机三相绕组对地以及动力线绝缘，标准参照表 4 – 2 – 1。

表 4 – 2 – 1 电动机动力线参照标准

绝缘电阻值/MΩ	电动机动力线绝缘性
100	绝缘性能良好
10 ~ 100	开始老化，定期检查
1 ~ 10	老化加剧，定期检查，并注意使用
1 以下	不良，更换电动机

（5）外部绝缘没有问题，尝试更换伺服驱动器。

从放大器上拆下动力线，进行绝缘测量，不要使用摇表测量放大器绝缘，以防烧毁放大器。

（五）伺服电动机异常电流

1. 故障现象

数码管显示"–"，CNC 控制器显示 SV0011 伺服电动机异常电流。

2. 故障排查

区别于过电流，该异常电流检测来自伺服软件。

（1）确认伺服电动机动力线是否缺相、错相或未连接。

（2）按照伺服电动机过电流 SV438 检查步骤进行。

（六）风扇报警（αi 伺服驱动器）

1. 故障现象

数码管显示"1"或"F"闪烁，CNC 控制器显示 SV444（内部冷却风扇停转）和 SV601（散热器风扇停转）。

2. 故障排查

首先在硬件上要区别内部风扇和散热器风扇，如图 4 - 2 - 8 所示。

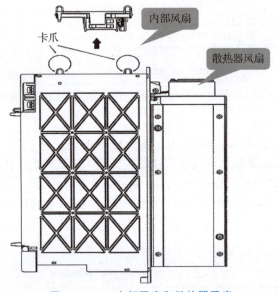

图 4 - 2 - 8　内部风扇和散热器风扇

（1）确认风扇是否旋转，如果不转，拆下风扇进行清洁，确认是否为机械堵转。

（2）更换风扇，确认是否为风扇本体故障。

（3）尝试更换驱动器。

任务三　主轴驱动装置故障诊断与维修

一、主轴驱动器硬件连接

主轴驱动器硬件连接以 αi 为例，βi SVSP 驱动器主轴部分的硬件连接可以此作为参考。

（一）主轴驱动器上电

机床总电源接通，通过电源单元模块的 CXA2A 连接至主轴驱动器的 CXA2B（如果有下一级的伺服，则由该伺服的 CXA2A 接续输出），作为主轴驱动器控制回路得电，数码管点亮，随后接通 CNC 控制器电源，通过 FSSB 光纤 COP10A – COP10B 与主轴建立通信，主轴数码管变为 "– –" 点亮。主轴驱动器上电，如图 4 – 3 – 1 所示。

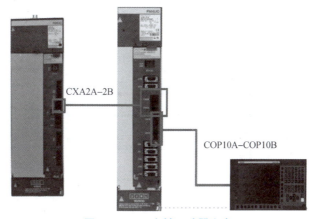

图 4 – 3 – 1　主轴驱动器上电

（二）主轴电动机动力线

主轴电动机动力线有两种连接方式：一种为插头连接，通常对应小规格主轴电动机，如图 4 – 3 – 2 所示；一种为端子连接，如图 4 – 3 – 3 所示。无论哪种连接方式，和伺服电动机动力线连接一样，必须 U/V/W 与电动机端对应连接，否则，主轴电动机不能正常运转。

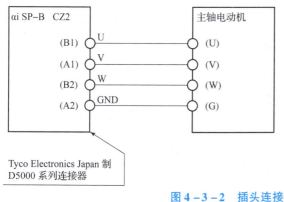

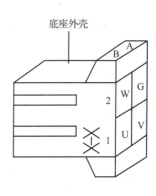

图 4 – 3 – 2　插头连接

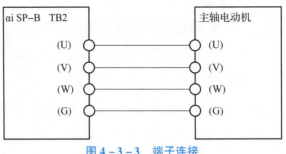

图 4 - 3 - 3　端子连接

（三）主轴检测器反馈

主轴检测器有电动机端反馈和主轴端反馈两种作为速度反馈，必须使用电动机端反馈，而主轴端反馈则可以根据主轴传动结构，选择主轴端检测器进行连接。电动机端反馈连接至 JYA2，主轴端根据检测器信号类型可连接至 JYA3 或 JYA4。

（四）连接总图

主轴驱动器整体连接如图 4 - 3 - 4 所示。

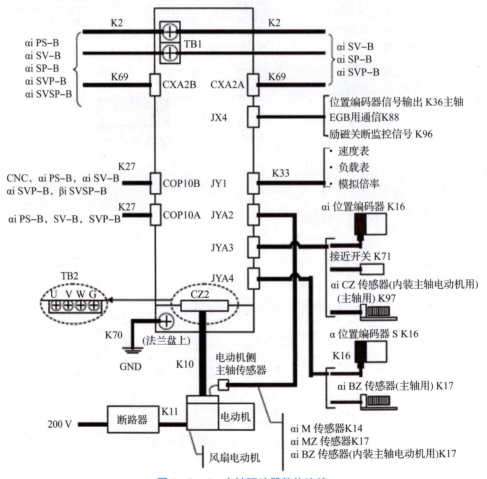

图 4 - 3 - 4　主轴驱动器整体连接

二、主轴驱动器故障排查

（一）主轴驱动器数码管不亮

1. 故障现象

伺服驱动器数码管不亮，CNC 系统上电后，通信检测异常，SP1997/SP1226 等主轴通信报警。

2. 故障排查

（1）确认主轴驱动器前级连接的设备，如数码管是否点亮，如果不亮，检查前级设备电源回路；如果点亮，拔下 CXA2 电缆，并测量端口控制电压，确认输入电压是否正常，跨接电缆线是否完好。

（2）按住主轴驱动器侧板上、下锁扣，拔出主轴驱动器侧板，检查电路板 FU1（3.2 A）保险。

（3）如果输入电源和保险没有问题，则应该是短路造成的故障，拔下主轴驱动器上的反馈电缆以及电动机动力线，确认数码管是否点亮。如果数码管点亮，则是外部短路引起的，确认主轴电动机绕组对地，以及主轴检测器（主轴端、电动机端）是否存在短路；反之，则为主轴驱动器内部电源故障，尝试更换主轴驱动器。

（二）控制电源降低

1. 故障现象

主轴驱动器数码管显示为"10"，CNC 画面显示为 SP9010 报警。

2. 故障排查

（1）确认伺服驱动器 CXA2B 端口 +24 V 输入电压。
（2）更换 CXA2A – CXA2B 跨接电缆。
（3）更换主轴驱动器。

（三）主轴过电流

1. 故障现象

主轴驱动器数码管显示为"12"，CNC 画面显示为 SP9012 报警。

2. 故障排查

开机即发生：
（1）检测主轴侧板是否安装牢靠。
（2）更换主轴驱动器。

3. 运转时发生

（1）检测主轴参数设定，或尝试主轴参数初始化。
（2）检查主轴电动机和电缆绝缘性（标准和方法参考伺服过流报警）。
（3）更换主轴驱动器。
（4）检测或更换主轴驱动器。

（四）主轴电动机受到束缚或电动机传感器断线

（1）检查机械是否卡死。

（2）检测主轴参数设定，或尝试主轴参数初始化。

（3）动力线相序检查。

（4）检查反馈电缆或主轴电动机传感器。

（5）更换主轴驱动器。

三、主轴电动机的安装

（一）安装注意事项

（1）请保持在输出轴角度为向上45°至垂直向下之间安装电动机，如图4-3-5所示。

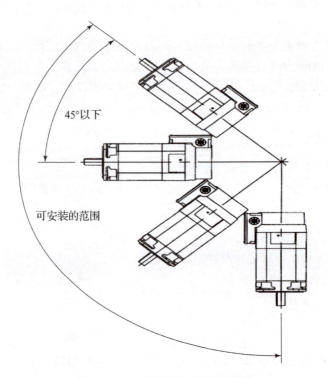

45°以下

可安装的范围

图4-3-5　主轴安装角度示意图

（2）电动机的吊环螺栓由于受到强度限制，只可吊挂电动机单体（可以带有齿轮、皮带轮）。

（3）设置盖罩装置，以免切削液、润滑油等直接飞溅到电动机主体上。

（4）考虑到电动机轴承长期可靠性，将电动机后部支架的制动加速度设定在4.9 m/s² 以下。特别是电动机直接连接到主轴这种构造，要在与所连接的轴充分地进行定心和平行度调整的同时，将其设定在4.9 m/s² 以下。

振动测量方法的详细介绍如图4-3-6所示。

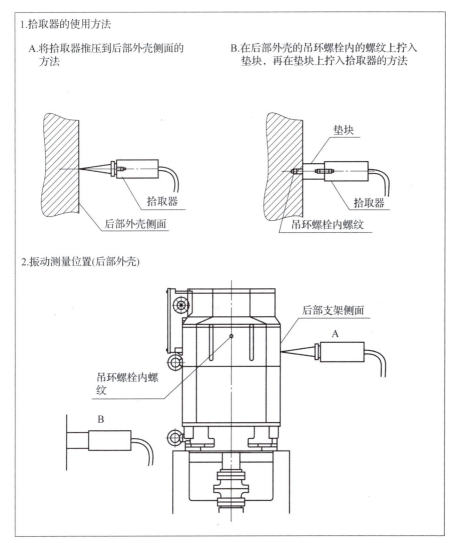

1.拾取器的使用方法

A.将拾取器推压到后部外壳侧面的方法

B.在后部外壳的吊环螺栓内的螺纹上拧入垫块,再在垫块上拧入拾取器的方法

拾取器

后部外壳侧面

垫块

拾取器

吊环螺栓内螺纹

2.振动测量位置(后部外壳)

后部支架侧面

A

吊环螺栓内螺纹

B

图 4 – 3 – 6　振动测量方法示意

测量器：IMV 株式会社 VM – 3024S 或同等品。

条件：无负载、最高速度旋转时。

测量频率范围：10 ~ 1 000 Hz。

判定基准：后部支架的制动加速度在 4.9 m/s^2 以下。

（5）动态平衡高速旋转时，微小的不平衡也会导致旋转的振动，并成为引发异常响声和短期内轴承损坏等的原因。因此，要与安装在电动机输出轴上的齿轮、带轮一起做动态平衡修正。尽量减小其他旋转轴的不平衡也是十分重要的。关于平衡修正：为了便于进行轴上所安装带轮、齿轮、联轴器等的平衡修正，将无键轴作为标准。带轮、齿轮、联轴器为完全对称形状，与轴的固定要采用胀紧套等无齿隙的止动件。此外，在轴上安装带轮时，如果外周的振动调整在 20 μm 以下，基本就不需要进行平衡修正了。要进一步降低振动程度时，将固定螺钉拧紧到带轮上所设置的平衡修正螺孔上，在现场进行平衡修正。应在电动机被安装在机械上的状态下使用，并确保电动机所受振动在 4.9 m/s² 以下。

（6）在需要用法兰盘来固定电动机时，止口部要采用45°倒角处理。

（7）为了改善电动机的冷却性能，要确保风扇盖罩与墙壁之间离开30 mm以上。此外，要设计为便于清扫的通风孔和风扇盖罩等机械构造。

（8）环境温度、湿度、海拔。

①在温度为 0～40 ℃的环境下使用。环境温度高于此温度时，为了避免电动机和检测器过热，需要放宽使用条件。

②在环境相对湿度80%以下、不会结露的环境下使用。

③使用地点的海拔若在1 000 m以下，则无须特别介意。海拔若在1 000 m以上，在从1 000 m起，每超过100 m，环境温度逐渐下降1 ℃的情况下也没有问题。譬如，设置在海拔为1 500 m时，只要环境温度在35 ℃以下，就没有问题。

④当条件比环境温度、环境湿度、海拔、振动更为苛刻时，需要限制功率。

（二）皮带连接电动机安装

（1）皮带轮内径与输出轴之间的间隙应设定为10～15 μm。若间隙过大，则会在高速旋转中发生振动，有时会损坏电动机的轴承。此外，若振动变大，有时会在上述间隙处发生微振磨损，致使皮带轮和轴黏合在一起。

（2）皮带轮的固定，使用胀紧套或夹紧连接轴套等摩擦止动件。

（3）在将皮带轮安装到电动机上后，调整皮带槽的振摆，使其在20 μm以下。

（4）建议用户在套上皮带之前进行动态平衡（现场平衡）修正。

（5）皮带张力作用到电动机轴的径向负载，要设定为各系列的允许值以下。若超过允许值，有时会在短期内导致轴承损坏或轴折损。

（6）皮带会因数小时内的运转而产生初期磨损等，致使带张力下降。为了在张力下降后不影响转矩的传递，将运转前的初期张力设定为最终所需张力的1.3倍。

（7）使用适当的张力计测量带张力。

（8）尽量减小电动机皮带轮和主轴端皮带轮的轴向位置偏移，并充分确保轴线的平行度，如图4－3－7所示。

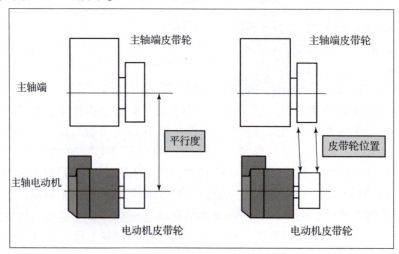

图4－3－7　皮带连接安装示意图

（三）齿轮连接电动机安装

（1）不要使用在电动机的轴向产生负载的斜齿齿轮。

（2）为了预防齿轮发生异常响声，要注意下述事项。

①齿轮齿面的振摆应为适当值，如图 4-3-8 所示。

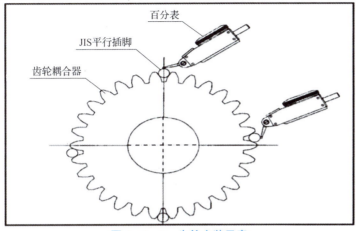

图 4-3-8 齿轮安装示意

②应具有适当的齿隙。

③电动机法兰盘的安装面与机械端的轴的直角度应为适当值。

（3）按照（一）安装注意事项第（4）项的方法装配机械，确保振动加速度在 4.9 m/s² 以下。

（四）联轴器直接连接电动机

（1）主轴与电动机轴的连接，务必使用柔性联轴器。柔性联轴器包括偏心、偏角和轴向位移这 3 个自由度的允许值，可实现高速旋转、低振动、低噪声的连接。

- 偏心、偏角的允许值：化解微小偏心、偏角。
- 轴向位移的允许值：化解温度上升引起的主轴和电动机轴的伸长。

注意：①此允许值是保证联轴器不会破损的基准值，但此基准值并不能保证主轴或电动机的轴承不承受负载。因此，为了确保高速旋转时也能让电动机维持低振动、低噪声旋转，前提是主轴和电动机轴之间拥有良好的同轴度。

②只要达到同轴度误差在 5 μm 以内的定心，即使是只有偏角和轴向位移这 2 个自由度的联轴器（圆盘联轴器），也可以正常旋转。

（2）关键是不依赖联轴器的灵活性，而是要拥有高精度的同轴度和平行度。高速旋转时，如有偏心，则会导致轴承在短期内受到微振磨损等损伤。

（3）在机器出厂前，按照（一）安装注意事项第（4）项的方法，确认所有机器的振动加速度在 4.9 m/s² 以下。

（4）将联轴器的扭转刚性适当地设定为较高的值。若扭转刚性较低，在定向时就会发生振荡。

（5）为了避免轴承受到冲击负载，将联轴器安装到电动机轴上时，不要用锤子等来敲击。

任务四　辅助装置故障诊断与维修

一、润滑系统的基本组成

润滑系统是由一个液压泵提供一定排量、一定压力的润滑油，为系统中所有的主、次油路上的分流器供油，而由分流器将油按所需油量分配到各润滑点。同时，由控制器完成润滑时间、次数的监控和故障报警以及停机等功能，以实现自动润滑的目的。

（一）系统的组成

润滑系统一般由供油装置、过滤装置、油量分配装置、控制装置、管路与附件等组成。

（1）供油装置。供油装置可为润滑系统提供一定流量和压力的润滑油，它可以是手动油泵、电动油泵、气动油泵、液压泵等。

（2）过滤装置。过滤装置用于润滑油或润滑脂的过滤，分为滤油器、滤脂器等。

（3）油量分配装置。油量分配装置可将润滑油按所需油量分配到各润滑点，包括计量件、控制件等。

（4）控制装置。控制装置具有润滑时间、周期、压力的自动控制和故障报警等功能，包括润滑周期与润滑时间控制器、液位开关、压力开关等。

（5）管路与附件。管路与附件有各种接头、软管、硬管、管夹、压力表、空气滤清器等。

（二）机床常用润滑系统

数控机床需要润滑的部分有导轨、丝杠、齿轮箱、轴承等。为了便于使用与维修，通常采用集中润滑装置进行润滑。集中润滑装置具有定时、定量、准确、高效和使用方便、工作可靠、维护容易等特点，对延长机床使用寿命、保障机床性能有着重要的作用，是所有数控机床必须配备的辅助控制装置。

抵抗式油泵：系统工作无须卸荷机构，结构简单、造价低，但油量计量误差比较大，对管路过长、过高的润滑点润滑难以保障，一般只用于润滑点较少、油量精度要求不高的小型机械。

定量式油泵：系统对润滑点的给油精度高，而且不会受到管路长度的影响。系统安装简单，分配装置可以并联、串联任意排列，可同时向数百个润滑点供油。抵抗式和定量式油泵的外观和工作原理如图 4-4-1 和图 4-4-2 所示。

二、润滑系统的电气控制

（一）数控机床润滑系统的电气控制要求

（1）首次开机时，自动润滑 15 s（2.5 s 打油、2.5 s 关闭）。

（2）机床运行时，达到润滑间隔固定时间（如 30 min）时自动润滑一次，而且用户可以调整润滑间隔时间（通过 PMC 参数）。

（a）　　　　　　　　　　（b）

图 4 – 4 – 1　抵抗式（a）和定量式（b）油泵外观

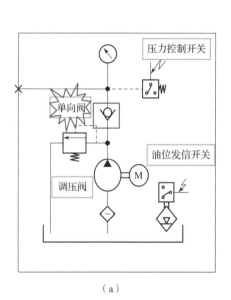 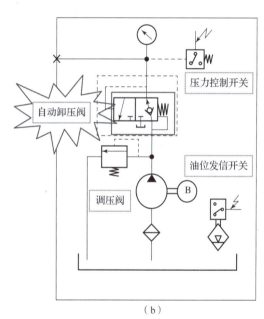

（a）　　　　　　　　　　　　（b）

图 4 – 4 – 2　抵抗式（a）和定量式（b）油泵工作原理

（3）加工过程中，操作者根据实际需要还可以进行手动润滑（通过机床操作面板的润滑手动开关控制）。

（4）润滑泵电动机具有过载保护作用，当出现过载时，系统要有相应的报警信息。

（5）润滑油箱油面低于极限时，系统要有报警提示（此时机床可以运行）。

（二）润滑系统的电气控制原理

（1）润滑系统的电气控制原理和 PMC 输入/输出信号接口如图 4 – 4 – 3 所示。QF7为润滑泵电动机的空气断路器辅助常开触点，实现电动机的短路与过载保护，通过系统 PMC 控制输出继电器 KA6，继电器 KA6 常开触点控制接触器 KM6 线圈，从而实现机床润滑自动控制。

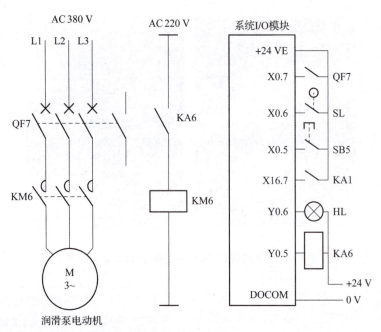

图 4 - 4 - 3　润滑系统电气控制原理和 PMC 输入／输出信号接口

（2）润滑系统 PMC 控制梯形图如图 4 - 4 - 4 所示。由于机床自动润滑时间和每次润滑的间歇时间不需要用户修改，所以系统 PMC 采用固定时间定时器 12、13 来进行控制（2.5 s 泵油、2.5 s 关闭）。固定定时器 14 用来控制自动运行时的润滑时间（15 s），固定定时器 15 用来控制机床首次开机的润滑时间（15 s）。根据机床实际加工情况不同，用户有时需要对自动润滑的间隔时间进行调整，所以采用可变定时器控制，并且采用两个可变定时器（TMR01 和 TMR02）串联，来延长定时时间，用户可通过 PMC 参数页面下的定时器页面来设定或修改自动润滑的间隔时间。

（3）当机床首次开机时，机床准备就绪信号 X16.7 为 1，启动机床油泵电动机（Y0.5 输出），同时启动固定定时器 15，机床自动润滑 15 s（2.5 s 泵油、2.5 s 关闭）后，固定定时器 15 的延时断开常闭触点 R526.6 切断自动润滑回路，机床停止润滑，从而完成机床首次开机的自动润滑操作。机床运行过程中，经过可变定时器 TMR01 和 TMR02 设定的延时时间后，机床自动润滑一次，润滑的时间由固定定时器 14 设定（15 s）。通过固定定时器 14 的延时断开常闭触点 R526.3 切断运行润滑控制回路，从而完成一次机床运行时润滑的自动控制，机床周而复始地进行润滑。当润滑系统出现过载或短路故障时，通过输入信号 X0.7 切断油泵输出信号 Y0.5，并发出润滑系统报警信息（EX1007：润滑系统故障）。当润滑系统的油面下降到极限位置时，机床润滑系统报警灯闪亮，提示操作者需加润滑油。

三、润滑系统的故障维修

总体而言，数控机床润滑系统的结构、原理都相对简单，故障维修较为容易，而且润滑系统的故障维修与液压系统较为类似。下面分析润滑系统的常见故障并通过实例进行说明，见表 4 - 4 - 1。

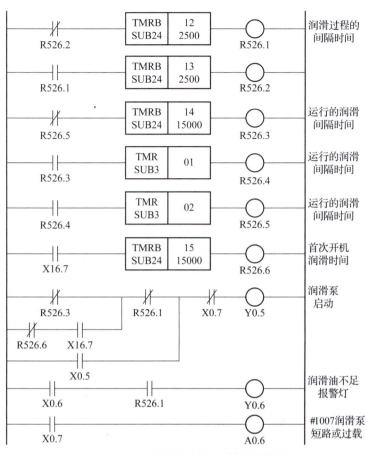

图 4－4－4　润滑系统 PMC 控制梯形图

表 4－4－1　润滑系统的常见故障

故障现象	检测手段	分析与处理办法
润滑油位低	目测润滑泵油位高低、系统画面显示	①及时加注润滑油 ②液位检测开关及回路故障
润滑压力不足	目测润滑泵压力表、系统画面显示	①检测管路是否有破裂 ②油品型号是否正确 ③润滑泵工作是否异常 ④过滤网是否堵塞 ⑤分油器是否异常
润滑泵电动机工作正常，但压力不足	目测、万用表、系统画面报警显示	①相序是否反向 ②压力表是否损坏 ③管路中是否有空气

故障现象	检测手段	分析与处理办法
导轨、丝杠润滑面无油	目测、手触摸	①检测管路是否破裂堵塞 ②分油器堵塞 ③系统设置的打油时间是否合理 ④控制电路是否异常
润滑油消耗过快	目测、统计	①检测管路是否破裂 ②分油器油堵是否存在 ③系统设置的打油时间是否合理

四、冷却系统的结构

外部冷却原理简述：冷却液在主水箱中，通过水泵及管路进入主轴箱，通过主轴箱下方的水管喷出后，循环流入排屑器水箱，并回流至主水箱。其实物如图4-4-5所示。

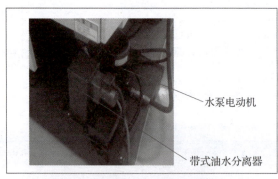

水泵电动机

带式油水分离器

主水箱

排屑器水箱

冷却水箱连接水管

图4-4-5　冷却系统实物

五、冷却系统的电气控制

冷却系统的电气控制原理如图4-4-6所示。

QF7 为冷却泵电动机的短路器，实现电动机的短路与过载保护，输入信号为 X7.4；SL1 为冷却系统液面检测开关（润滑油面下限到位开关），作为系统冷却液过低报警提示（需要添加润滑油）的输入信号；SB5 为数控机床面板上的手动冷却开关，作为系统手动冷却的输入信号；KA13 为系统控制冷却电动机工作的控制中间继电器；KM6 为系统控制冷却电动机工作的控制接触器；HL 为系统控制冷却电动机工作的指示灯。

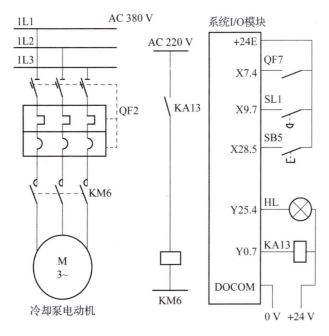

图 4 - 4 - 6　冷却系统的电气控制原理图

六、冷却系统的故障维修

冷却系统常见故障见表 4 - 4 - 2。

表 4 - 4 - 2　冷却系统常见故障

故障现象	检测手段	处理办法
液位报警	系统画面报警显示	①在查明泄漏点和回水不畅的原因后，及时注水，以消除报警 ②检测液位检测开关及回路故障
外冷不出冷却液	目测	①水泵电动机是否正常工作，控制电路是否正常 ②泵体是否漏液，连接件是否松动 ③水泵过滤网是否堵塞，液位是否达标 ④外冷开闭电磁阀工作是否正常 ⑤管路、接头是否破裂、松动 ⑥电磁阀控制回路是否正常

故障现象	检测手段	处理办法
外冷压力不足	目测、零件加工精度、刀具磨损程度	①电动机是否在缺相状态下工作 ②泵体是否因进铁屑或其他原因导致非正常运转漏液，压力不达标 ③水箱回水不畅，液面不理想；管路、接头是否破裂、松动 ④冷却液品质是否有问题
电动机泵体漏液	目测	①水泵本身质量是否有问题 ②查找铁屑进入泵体的原因，及时清理水箱和泵体

项目五　数控机床精度检测与验收

知识树

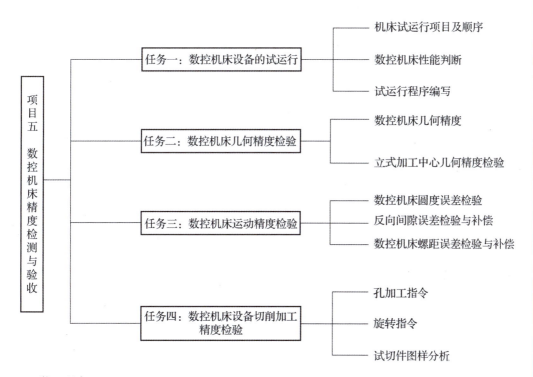

学习目标：

1. 了解机床验收的试运行项目、顺序及性能分析方法。
2. 掌握加工中心几何精度检验方法。
3. 掌握设备试切加工时，对试件各项精度进行综合检验的方法。
4. 具备6S职业素养。
5. 具备精益求精的工匠精神。

项目描述：

对客户新购置的数控设备进行精度检验和验收，应该严格按照机床制造厂家提供的使用说明书及相关技术文件标准进行安装调试。

（1）简述数控立式加工中心试运行项目及流程，完成试运行程序的编写。

（2）根据数控机床几何精度验收相关标准，对立式加工中心几何精度进行检验。

（3）根据数控机床运动精度验收相关标准，检验立式加工中心圆度误差、反向间隙误差及螺距误差并进行补偿。

（4）完成试切件加工，并对试切件精度进行检验的方法。

项目分析：

通过本项目的学习，主要完成数控机床的试运行及性能验收、数控机床几何精度检测、机床切削精度的测量及调整方法。

任务一　数控机床设备的试运行

一、机床试运行项目及顺序

对于不同类型的数控设备，检验项目也不同。与普通机床一样，主要通过试运行检查机床各运动部件及辅助装置在启动、停止及运行中是否有异常现象或噪声，润滑系统、冷却系统等工作是否正常。为保证数控机床长期运行的稳定性，在完成安装调试后，必须对其工作可靠性进行检验。一般分为空运行试验、功能试验和负荷试验。

（一）空运行试验

空运行试验包括主运动系统和进给运动系统的空运行试验，该试验需按国家标准进行。机床主运动系统从最低速开始运行，逐步升至最高转速，并在最高转速下运行不低于 1 h，监测靠近主轴定心轴承处温度，不超 40 ℃，温升不超过 15 ℃。在各级速度下，主轴运行平稳，工作可靠。

（二）机床功能试验

功能试验分为手动功能试验和自动功能试验。

1. 手动功能试验——用手动或数控手动方式操作机床各部件进行试验

（1）对各运动部件，在低、中、高速状态下，分别进行 2 次紧急停止功能试验。

（2）对主轴连续进行不少于 5 次的锁刀、松刀和吹气的动作试验。

（3）用中速连续对主轴进行 10 次的正、反转的启动、停止（包括制动）和定向操作试验。

（4）对各直线坐标上的运动部件，用中等进给速度连续进行 10 次正、反向的启动、停止的操作试验。

（5）对刀库以任选方式进行换刀试验。

（6）对机床数字控制的装置进行空运转试验。

（7）对各直线坐标，在低、中、高速状态下，分别进行 2 次坐标的软件极限设定试验。

（8）对各直线坐标，在低、中、高速状态下，分别进行 2 次坐标的极限开关试验。

（9）对机床的安全、保险、防护装置进行必要的试验。

（10）对机床的液压、润滑、冷却系统进行试验。

（11）对机床的各附属装置进行试验。

（12）检查机床相关参数是否与机床设计要求一致。

2. 自动功能试验——自动功能试验是指用数控程序操作机床各部件进行试验

（1）对各运动部件，在低、中、高速状态下，分别进行 2 次紧急停止功能试验。

（2）用中速连续对主轴进行 10 次正、反转的启动、停止（包括制动）和定向操作试验。

（3）对各直线坐标上的运动部件，用中等进给速度连续进行正、反向的启动、停止增量进给方式的操作试验。

（4）对刀库总容量中包括最大重量刀具在内的每把刀具以任选方式进行不少于3次的自动换刀试验。

（5）对机床所具备的定位，程序的暂停、急停等各种指令，有关部件、刀具的夹紧、松开以及冷却、气动和润滑系统的气动停止等数控功能逐一进行试验。

（6）对各直线坐标，在低、中、高速状态下，分别进行2次坐标的软件极限设定试验。

（7）对各直线坐标，在低、中、高速状态下，分别进行2次坐标极限开关试验。

（8）检验机床的在线加工功能。

（9）检验机床所用到的固定循环。

（三）机床负荷试验

在实际工作中，本项内容为抽检项目。

（1）机床承载工件最大重量的运转试验。

（2）机床主传动系统最大切削抗力的试验。

（3）机床主传动系统达到的最大功率、最大扭矩试验。

（4）机床刚性攻丝试验。

二、数控机床性能判断

机床性能主要包括主轴系统性能、进给系统性能，以及自动换刀系统、电气装置、安全装置、润滑装置、气液装置及附属装置等性能。数控机床性能和数控功能直接反映数控机床各项性能指标，并影响数控机床运行的正确性和可靠性。

三、试运行程序编写

试运行中使用的程序称为考机程序，可以直接采用机床厂调试时的考机程序或自行编制一个考机程序。考机程序可包括以下内容：

（1）主轴转动。

（2）各坐标运动。

（3）功能和代码要尽量用到。

（4）自动换刀。

（5）必须使用的特殊功能。

（6）用考机程序连续运行，检查机床各项运动、动作的平稳性和可靠性。

任务二　数控机床几何精度检验

一、数控机床几何精度

数控机床几何精度是机床精度的基础，良好的几何精度能够保证机床具备高性能及高加工精度。数控机床几何精度检验结果可为分析零件的加工质量提供指导依据。几何精度主要包括：直线运动的直线度、平行度、垂直度；回转运动的轴向窜动及径向跳动；主轴与工作台的位置精度等。

（一）部件自身精度检测项目

（1）床身水平。
（2）工作台面平面度。
（3）主轴精度。
（4）X、Y、Z轴导轨直线度。

（二）部件间关联精度

（1）X、Y、Z三个轴移动方向相互垂直度。
（2）主轴旋转中心线和三个移动轴的关系。
（3）主轴旋转轴线与工作台面关系。

二、立式加工中心几何精度检验

依据国家标准 GB/T 18400.2—2010《加工中心检验条件　第 2 部分：立式或带主回转轴的万能主轴头机床几何精度检验（垂直 Z 轴)》。

1. 线性运动的直线度

线性运动的直线度包括 X 轴、Y 轴和 Z 轴（表 5 – 2 – 1）。

表 5 – 2 – 1　线性运动直线度

序号	检验名称	检验简图
1	X 轴线性运动的直线度： （a）在 ZX 垂直平面内； （b）在 XY 水平面内	（a）　　　　　　（b） 允差值： $X \leqslant 500$　　　　　　　0.01 $X > 500 \sim 800$　　　　0.015 $X > 800 \sim 1\,250$　　　0.02 $X > 1\,250 \sim 2\,000$　0.025 任意 300 测量长度上为　0.007

序号	检验名称	检验简图
2	Y 轴线性运动的直线度： （a）在 YZ 垂直平面内； （b）在 XY 水平面内	 （a）　　　　　　（b） 允差值： $Y \leqslant 500$ 　　　　0.01 $Y > 500 \sim 800$ 　　0.015 $Y > 800 \sim 1\,250$ 　0.02 $Y > 1\,250 \sim 2\,000$ 　0.025 任意300 测量长度上为 0.007
3	Z 轴线性运动的直线度： （a）在平行于 Y 轴线的 YZ 垂直内； （b）在平行于 X 轴线的 ZX 垂直内	 （a）　　　　　　（b） 允差值： $Z \leqslant 500$ 　　　　0.010 $Z > 500 \sim 800$ 　　0.015 $Z > 800 \sim 1\,250$ 　0.020 $Z > 1\,250 \sim 2\,000$ 　0.025 任意300 测量长度上为0.007

2. 线性运动间的垂直度（表5-2-2）

表5-2-2　线性运动间的垂直度

序号	检验名称	检验简图
1	Z轴线性运动和X轴线性运动间的垂直度	步骤(1)　步骤(2) 公差为：0.020/500
2	Z轴线性运动和Y轴线性运动间的垂直度	步骤(1)　步骤(2) 公差为：0.020/500
3	Y轴线性运动和X轴线性运动间的垂直度	步骤(1)　步骤(2) 公差为：0.020/500

3. 主轴几何精度

检验主轴几何精度包括检验主轴的周期性轴向窜动、主轴端面跳动、主轴锥孔的径向跳动、主轴轴线和Z轴线性运动间的平行度、主轴轴线和X轴线性运动间的垂直度、主轴轴线和Y轴线性运动间的垂直度（表5-2-3）。

表 5 - 2 - 3 线性运动间的垂直度

序号	检验名称	检验简图
1	主轴锥孔的径向跳动 （a）靠近主轴端部 （b）距主轴端部300 mm 处	公差为： （a）靠近主轴端部：0.007； （b）距主轴端部300 处：0.015
2	主轴轴线和 Z 轴轴线运动间的平行度 （a）在 YZ 垂直平面内； （b）在 ZX 垂直平面内	（a） （b） 公差为：在300 测量长度上为0.015
3	主轴轴线和 X 轴轴线运动间的垂直度	公差为：0.020/300，300 为两测点间的距离

4. 工作台与线性运动轴间的平行度精度（表5-2-4）

表5-2-4　工作台与线性运动轴间的平行度精度

序号	检验名称	检验简图
1	工作台和 X 轴线运动间的平行度	允差值： $X \leqslant 500$　　　　　0.02 $X > 500 \sim 800$　　　0.025 $X > 800 \sim 1\ 250$　　0.03 $X > 1\ 250 \sim 2\ 000$　0.04
2	工作台和 Y 轴线运动间的平行度	$Y \leqslant 500$　　　　　0.02 $Y > 500 \sim 800$　　　0.025 $Y > 800 \sim 1\ 250$　　0.03 $Y > 1\ 250 \sim 2\ 000$　0.04

任务三　数控机床运动精度检验

一、数控机床圆度误差检验

圆度误差是指在回转体同一横截面内被测物体实际圆对理想圆的变动量。数控机床在长期使用过程中，滚珠丝杠、导轨及轴承或多或少存在一定程度的磨损，同时，由于保养不到位、缺少润滑及大吃刀量等因素，会加剧机械部件磨损，造成数控设备几何精度加速劣化，这些都是引起圆度误差的因素。数控系统动态响应不稳定，伺服优化不完善，也会影响数控机床的圆度误差。

加工中心在加工过程中经常出现因圆度误差而导致零件超差现象，为避免此类问题出现，通过分析圆度误差引起的原因，从而在实际机床加工过程中抑制此类问题，以确保零件加工精度需求。

二、反向间隙误差检验与补偿

反向间隙补偿又称为齿隙补偿。机械传动链在改变转向时，由于反向间隙的存在，会引起伺服电动机的空转，而无工作台的实际运动，称为失动。

反向间隙补偿原理是在无补偿的条件下，在轴线测量行程内将测量行程等分为若干段，测量出各目标位置的平均反向差值 $-B$，作为机床的补偿参数输入系统。CNC 系统在控制坐标轴反向运动时，自动先让该坐标反向运动 $-B$ 值，然后按指令进行运动。

在半闭环系统中，系统接收的实际值来自电动机编码器。轴在反向运行时，指令值和实际值之间会相差一个反向间隙值，这个值就是反向间隙误差值。在全闭环系统中，系统接收的实际值来自光栅尺，实际值中已包含反向间隙，故不存在反向间隙误差。

反向间隙补偿在坐标轴处于任何方式时均有效。当系统进行了双向螺距补偿时，双向螺距补偿的值已经包含了反向间隙，此时不需要设置反向间隙的补偿值。

反向间隙误差测量的方法：

（1）使运动部件从停留位置向负方向快速移动 50 mm。

（2）把百分表触头对准运动部件的正侧一方，并使表针回零。

（3）使运动部件从停留位置再向负方向快速移动 50 mm。

（4）使运动部件从新的停留位置再向正方向快速移动 50 mm。

读出此时百分表的值，此值叫作反向间隙误差，包括了传动链中的总间隙，反映了其传动系统的精度。

补偿量的设定方法：

（1）将切削进给时的反向间隙误差的测量值（A）设定在参数 1851 中。

（2）参考点建立之后，才开始进行切削进给反向间隙补偿。

（3）JOG 进给与切削进给采取的补偿方式相同。

三、数控机床螺距误差检验与补偿

（1）滚珠丝杠副处在进给系统传动链的末级，丝杠和螺母存在各种误差，如螺距累积误差、螺纹滚道型面误差、直径尺寸误差等，其中，丝杠的螺距累积误差会造成机床目标值偏差。

（2）滚珠丝杠在装配过程中，由于采用了双支承结构，使丝杠轴向拉长，造成丝杠螺距误差增加，产生机床目标值偏差。

（3）在机床装配过程中，丝杠轴线与机床导轨平行度的误差会引起机床目标值偏差。

（一）螺距误差补偿的作用

螺距误差补偿通过调整数控系统的参数来增减指令值的脉冲数，实现机床实际移动距离与指令移动距离相接近，以提高机床的定位精度。螺距误差补偿只对机床补偿段起作用，在数控系统允许的范围内起到补偿作用。

（二）螺距误差补偿方法

通过设定螺距误差补偿数据，对每个轴的检测单位进行补偿。将参考点返回的位置作为补偿原点，以设定每个轴上的补偿间隔，将相当于补偿点数量的补偿值设定在螺距误差补偿数据中。螺距误差补偿数据也可用外部 I/O 设备（如 HandyFile）设定（见用户手册），还可通过 MDI 面板直接设定。

在螺距误差补偿中，需要设定表 5 - 3 - 1 所列的参数，对于用这些参数设定的螺距误差补偿点的号码，需要设定螺距误差补偿量。

表 5 - 3 - 1　螺距误差补偿参数设定

参数	功能	备注
3605#0	双向螺距误差补偿，为 1：有效；为 0：无效	
3620	各轴参考点的螺距误差补偿点的号码	
3621	各轴负方向最远端的螺距误差补偿点的号码	
3622	各轴正方向最远端的螺距误差补偿点的号码	
3623	各轴螺距误差补偿倍率	
3624	各轴螺距误差补偿点的间距	

任务四　数控机床设备切削加工精度检验

一、孔加工指令

（一）钻孔循环 G81 和 G82

（1）G81 钻孔指令格式：

G81 X_Y_Z_R_F_K_；

X_Y_：孔位置数据。

Z_：加工的孔深。

R_：R 点的位置值。

F_：切削进给速度。

K_：重复次数（仅限需要重复时）。

G81 钻孔指令主要用于中心钻加工定位孔和一般孔加工，孔深小于 5 倍直径的孔，如图 5 - 4 - 1 所示。

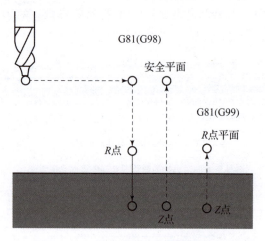

图 5 - 4 - 1　G81 钻孔指令示意图

（2）G82 钻孔指令格式：

G82 X_ Y_ Z_ R_ P_ F_ K_ ；

X_ Y_：孔位置数据。

Z_：加工的孔深。

R_：R 点的位置值。

P_：孔底的暂停时间。

F_：切削进给速度。

K_：重复次数。

G82 与 G81 钻孔指令的区别是在孔底有进给暂停，孔底平整、光滑，适用于盲孔、锪孔加工，如图 5 - 4 - 2 所示。

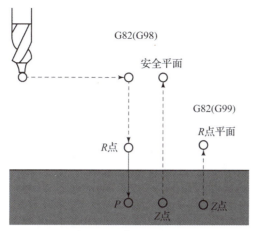

图 5 - 4 - 2   G82 钻孔指令示意图（1）

钻孔过程如下：

动作 1：钻头在安全平面内快速定位到孔中心（初始点）。

动作 2：钻头沿 Z 轴快速移动到 R 点。

动作 3：钻孔加工。

动作 4：孔底暂停（G83 有此动作，G81 无此动作）。

工作 5：快速回退到安全平面或 R 点平面。

G81 指令主要用于中心钻加工定位孔和一般孔加工，孔深小于 5 倍直径的孔，G82 与 G81 指令的区别是在孔底有进给暂停，孔底平整、光滑，适用于盲孔、锪孔加工，如图 5 - 4 - 3 所示。

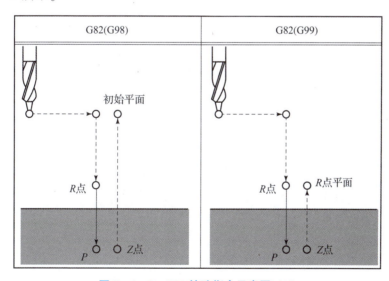

图 5 - 4 - 3   G82 钻孔指令示意图（2）

（二）深孔钻削循环 G73 和 G83

（1）G73 深孔钻削指令格式：

G73 X_ Y_ Z_ R_ Q_ F_ K_ ；

X_ Y_：孔位置值。

Z_：加工的孔深。

R_：R点位置值。

Q_：每次下刀的切削深度。

F_：切削进给速度。

K_：重复次数（仅限需要重复时）。

G73 深孔钻削指令如图 5 – 4 – 4 所示。

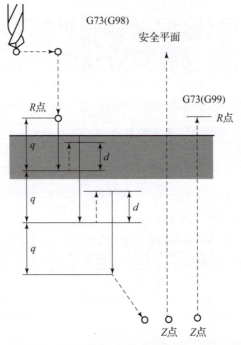

图 5 – 4 – 4　G73 深孔钻削指令示意图

（2）G83 深孔钻削指令格式：

G83 X_ Y_ Z_ R_ Q_ F_ K_；

X_ Y_：孔位置数据。

Z_：加工的孔深。

R_：R点的位置值。

Q_：每次的切削量。

F_：切削进给速度。

K_：重复次数。

G83 深孔钻削指令如图 5 – 4 – 5 所示。

二、旋转指令

旋转指令 G68 格式：

G68 X_ Y_ R_；

说明：以给定点（X，Y）为旋转中心，将图形旋转 R 角。

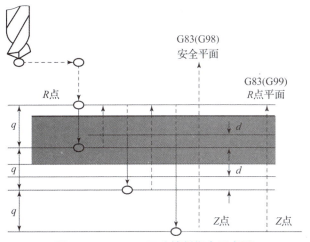

图 5 – 4 – 5　G83 深孔钻削指令示意图

如果省略 (X, Y)，则以程序原点为旋转中心。

例：G68 R60 表示以程序原点为旋转中心，将图形旋转 60°。

G68 X15. Y15. R60 表示以坐标（15，15）为旋转中心，将图形旋转 60°。

关闭旋转功能 G68，如图 5 – 4 – 6 所示。

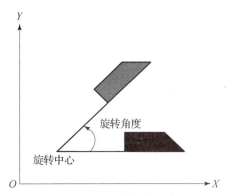

图 5 – 4 – 6　旋转指令示意图

三、试切件图样分析

试切件加工材质多使用铸铁或铸铝来加工，轮廓加工完成后，采用三坐标测量机完成加工试切件的形状和位置公差的检验。检验项目如图 5 – 4 – 7 所示。

（1）通镗位于试件中心直径为 30 mm 的孔。

（2）加工边长为 160 mm 的外正四方形。

（3）加工正四方形上面边长为 108 mm 的菱形（对角线倾斜 75°的正四方形）。

（4）加工菱形上面直径为 108 mm、深为 6 mm 的圆。

（5）在外正四方形两边上加工角度为 3°或正切值为 0.05、深为 6 mm 的倾斜面。

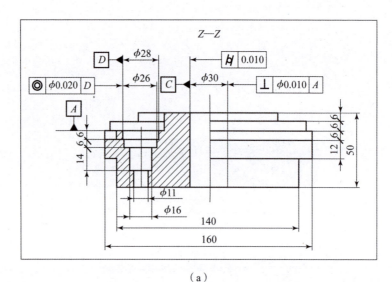

（a）

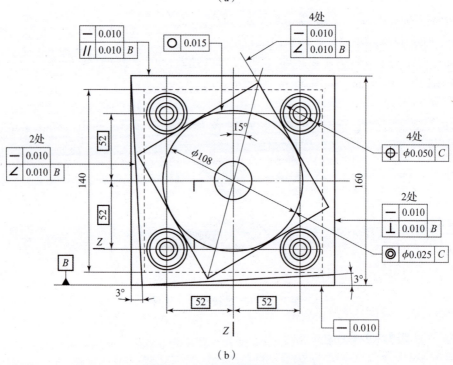

（b）

图 5-4-7 试切件图纸检验项目

（6）镗削直径为 26 mm 的四个孔和直径为 28 mm 的四个孔；在距试件中心处定位这些孔。

（7）加工边长为 140 mm 的正四方形底座，钻削直径为 11 mm 的四个孔和直径为 16 mm 的四个孔（此项加工需要预加工完成，用来装夹和找正工件，所加工轮廓不作为精度项目检验）。

项目六　数控机床的日常维护与保养

知识树

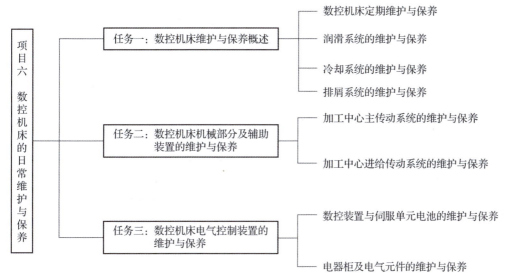

学习目标：

1. 了解数控机床操作维护规程制定的原则。

2. 掌握加工中心主要机械部分及辅助装置的维护与保养。

3. 掌握加工中心电气控制装置的维护与保养。

4. 具备 6S 职业素养。

5. 具备精益求精的工匠精神。

项目描述：

为保证数控设备的正常运行和生产，对设备进行定期维护和保养是十分必要的。数控设备的维护与保养主要包括：

（1）数控机床辅助系统的维护与保养。

（2）数控机床主要机械部分及辅助装置的维护与保养。

（3）数控机床电气控制装置的维护与保养。

项目分析：

通过本项目的学习，主要完成对实训室数控设备辅助控制系统、主要机械部件及电气控制装置的维护与保养工作。

任务一 数控机床维护与保养概述

一、数控机床的维护与保养

对数控设备的日常维护与保养可延长设备的平均无故障时间，增加机床的开动率，便于及早发现故障隐患，避免停机损失，保证数控设备的加工精度。

（一）数控机床日常检查项目

1. 启动前检查项目

（1）检查油冷机、冷却水箱、稀油润滑泵里的油液或冷却液是否充足。

（2）检查气动三联件油液面高度（大约为整个油杯高度的2/3即可），每天将气动三联件滤油罐内的水汽由排水开关排出。

（3）检查机床电源接合情况是否正常。

（4）检查机床防护间的门是否关闭。

（5）检查工件装夹是否牢固可靠。

2. 启动后检查项目

（1）检查各润滑点的润滑油供给是否正常，如有报警提示，须及时处理。

（2）检查机床的照明设备是否正常。

（3）检查全部信号灯、异常警示灯是否正常。

（4）检查油冷却机、气动三联件、稀油电动润滑泵等指示表的数值是否在正常范围内。

（5）检查主轴内锥孔空气吹气及主轴轴承气密封是否正常。

（6）检查机床启动后是否有异常声音和异常现象。

（7）检查主轴是否有振动或抖动的情况。

（8）检查防护件及其他连接件是否有漏水或漏油现象。

（9）开机后，必须先预热15~20 min再加工，以保持加工精度的稳定。

3. 每天作业结束时检查项目

作业结束后，关机前先将工作台、滑座置于机器中央位置（移动三轴行程至各轴行程中间位置），然后彻底清理机床。

主要包括以下部分：

（1）检查并清洁暴露在外的极限开关以及碰块。

（2）检查并清除工作台、三轴防护拉板上的切削及油污。

（3）清理完毕后，必须将总电源开关关掉。

（4）检查显示器、机床控制面板、手轮等电子元器件表面是否残留液态污渍。

（二）数控机床定期检查项目

1. 每月需检项目

（1）检查三轴机械原点是否偏移。

（2）检查防护件及其他连接件是否有冷却液等渗漏现象。

（3）检查气管、油管及各管接头处是否有漏气、漏油情况。

（4）检查润滑泵和油冷机的滤油网是否需清理。

（5）检查操纵箱、电器柜内是否有粉尘、油污等杂物。

2. 每季需检项目

（1）检查冷却液是否已变质，是否需要更换；冷却水箱内是否存在切屑、沉淀物等。

（2）检查松刀气缸是否需要补充液压油。

3. 每年需检项目

（1）检查气动三联件是否需要清洁或更换空气过滤器。

（2）检查机床精度，是否在公差允许范围内（参照机床合格证）。

（3）检查各主要功能部件是否正常。

（4）检查电缆、电线、管路是否有老化迹象，重点排查电子元件工作状态及各处接点是否牢固。

（5）检查主轴内部夹刀碟簧是否存在断裂情况。

（6）检查主轴箱配重链条是否需要更换，当链条出现断裂或者增长量超过2%时，需同时更换两滑轮架上的链条。

（7）检查主轴皮带的松紧程度。

二、润滑系统的维护与保养

良好的润滑可以减少机械运动部件之间的损耗和摩擦，数控机床需保证导轨和丝杠的精度，润滑不足会导致导轨和丝杠磨损，甚至会损坏导轨和丝杠。需要定期检查导轨润滑油箱的油标和油量，及时添加润滑油；对于 X、Y、Z 轴向导轨面，要清除切屑及脏物，检查润滑油是否充分，导轨面有无滑伤损坏，如图 6-1-1 所示。

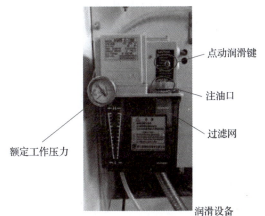

图 6-1-1　润滑系统

三、冷却系统的维护与保养

冷却液需要每天进行检查。用试纸测试，控制其 pH 在 8.0~9.5，pH 低于 7 时，属于酸性，易腐蚀工件，而 pH 高于 10 时，属于强碱，易导致操作者皮肤过敏。保持冷却水箱内的冷却液充足且清洁，如果冷却液变浑浊，要及时清洗水箱，更换冷却液。冷却水箱清洗周期大约为 6 个月。

冷却液作用：防止机床锈蚀、冲洗切削金属屑、带走加工热量、润滑刀具，如图 6-1-2 所示。

图 6-1-2　加工冷却区

四、排屑系统的维护与保养

排屑系统的作用是及时将切屑和切削油从工作台上清除。排屑设备主要有链板式排屑机、刮板式排屑机、螺旋式排屑机、永磁性排屑机等（图 6-1-3），造型与钣金、排屑机电动机的型号有关。其中，链板式排屑机可处理各类切屑，刮板式排屑机是铜、铝、铸铁等碎屑处理最适合机型，其处理磨削加工中的金属砂粒、磨粒，以及各种金属碎屑效果比较好；螺旋式排屑机主要用于机械加工过程中金属、非金属材料所切割下来的颗粒状、粉状、块状及卷状切屑的输送，可用于机床安放空间比较狭窄的地方。如果排屑器有铁屑卡死现象，需要及时清除铁屑。

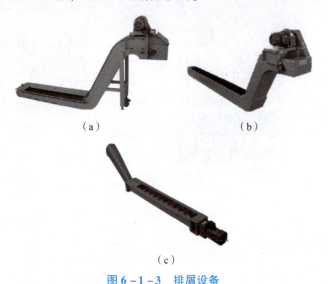

（a）　　　　　　　　　　　　　　　　（b）

（c）

图 6-1-3　排屑设备

（a）链板式排屑机；（b）刮板式排屑机；（c）螺旋式排屑机

任务二　数控机床机械部分及辅助装置的维护与保养

一、加工中心主传动系统的维护与保养

主传动系统是数控机床的重要组成部分，主轴部件是机床的重要执行元件之一，它的结构尺寸、形状、精度及材料等，对机床的使用性能、加工精度都有很大的影响。主要包括主轴箱、主轴、轴承、主轴电动机等，是机床的关键部件。

主传动链的维护项目如下：

（1）熟悉数控机床主传动链的结构、性能参数，严禁超性能使用。

（2）主传动链出现不正常现象时，应立即停机排除故障。

（3）每天开机前检查机床前机床的主轴润滑系统，发现油量过低时及时加油。

（4）操作者应注意观察主轴油箱温度，检查主轴润滑恒温油箱，调节温度范围，使油量充足。

（5）定期观察调整主轴驱动皮带的松紧程度。

（6）用液压系统平衡主轴箱重量的平衡系统，需定期观察液压系统的压力表，当油压低于要求值时，要进行补油。

（7）使用液压拨叉变速的主传动系统，必须在主轴停车后变速。

（8）使用啮合式电磁离合器变速的主传动系统，离合器必须在低于 $1\sim2$ r/min 的转速下变速。

（9）注意保持主轴与刀柄连接部位及刀柄的清洁，防止对主轴的机械碰击。

（10）每年对主轴润滑恒温油箱中的润滑油更换一次，并清洗过滤器。

（11）每年清理润滑油池底一次，并更换液压泵滤油器。

（12）每天检查主轴润滑恒温油箱，使其油量充足，工作正常。

（13）防止各种杂质进入润滑油箱，保持油液清洁。

（14）经常检查轴端及各处密封，防止润滑油液的泄漏。

（15）刀具夹紧装置长时间使用后，会使活塞杆和拉杆间的间隙加大，造成拉杆位移量减少，使碟形弹簧张闭伸缩量不够，影响刀具的夹紧，故需及时调整液压缸活塞的位移量。

（16）经常检查压缩空气气压，并调整到标准要求值。足够的气压才能使主轴锥孔中的切屑和灰尘清理彻底。

（17）定期检查主轴电动机上的散热风扇，看看是否运行正常，发现异常情况及时修理或更换，以免电动机产生的热量传递到主轴上，损坏主轴部件或影响加工精度，如图 6-2-1 所示。

二、加工中心进给传动系统的维护与保养

进给传动系统的床身、工作台、床鞍、主轴箱均采用高性能、最优化整体铸铁结构，内部均布置适当的网状肋板、肋条，具有足够的刚性、抗振性，能保证良好的切削性能。

图 6 - 2 - 1　主轴电动机后端散热风扇

（一）滚珠丝杠螺母副的维护

1. 防护罩防护（图 6 - 2 - 2）

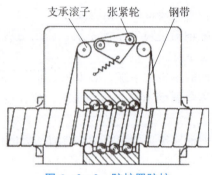

图 6 - 2 - 2　防护罩防护

整个装置由支承滚子、张紧轮和钢带等零件组成。钢带的两端分别固定在丝杠的外圆表面。

2. 密封圈防护

用密封圈对螺母进行密封，密封圈厚度为螺距的 2～3 倍，装在滚珠螺母的两端，如图 6 - 2 - 3 所示。

图 6 - 2 - 3　密封圈

3. 滚珠丝杠副的润滑

滚珠丝杠副也可用润滑剂来提高耐磨性及传动效率。润滑剂可分为润滑油和润滑脂两大类。润滑油为一般机油或 90～180# 透平油、140# 或 N15 主轴油，而润滑脂一般采用锂基润滑脂。润滑脂通常加在螺纹滚道和安装螺母的壳体空间内，而润滑油则是经过壳体上的油孔注入螺母的内部。

（二）导轨副的维护

1. 导轨副的润滑

导轨副表面进行润滑后，可降低其摩擦因数，减少磨损，并且可防止导轨面锈蚀，如图6－2－4所示。

油管

图6－2－4　滚动导轨副的润滑

2. 导轨副的防护

常用的导轨防护罩有刮板式、卷帘式和叠层式，这些防护罩大多用于长导轨上。

3. 滚动导轨的密封

导轨经过安装和调节后，需要对螺栓的安装孔进行密封，这样可以确保导轨面的光滑和平整。安装孔的密封有两种办法：防护条和防护塞，如图6－2－5所示。

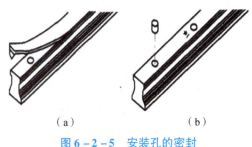

（a）　　　　　　　（b）

图6－2－5　安装孔的密封

（a）防护条；（b）防护塞

4. 进给传动系统的维护

（1）每次操作机床前，都要先检查润滑油箱里的油是否在使用范围内。

（2）操作结束时，要及时清扫工作台、导轨防护罩上的铁屑。

（3）如果机床停放时间过长没有运行，应先打开导轨、丝杠防护罩，将导轨、滚珠丝杠等零件擦干净，然后上油再开机运行。

任务三　数控机床电气控制装置的维护与保养

一、数控装置与伺服单元电池的维护与保养

（一）数控装置电池、伺服单元电池规格

系统参数和刀具偏置等数据都存储在数控装置的 SRAM 存储器中，SRAM 的电源由安装在数控装置上的锂电池供电，因此，即使主电源断开，数据也不会丢失。通常机床制造商在机床发货之前会安装电池。当电池的电压下降时，在数控装置显示器画面上则闪烁显示警告信息"BAT"，同时向 PMC 输出电池报警信号。出现报警信号显示后，应尽快更换电池。如果电池的电压进一步下降，则不能对存储器提供电源。在这种情况下接通控制单元的外部电源，就会导致存储器中保存的数据丢失，系统警报器将发出报警。

在更换完电池后，需要清除存储器的全部内容，然后重新输入数据。

1. 安装在 CNC 控制单元内的锂电池更换方法（图 6-3-1）

（1）接通数控装置的电源大约 30 s 后，断开电源。

（2）手动拉出数控装置背面右上方的电池单元。

（3）安装上准备好的新电池单元，确认闩锁已经卡住。

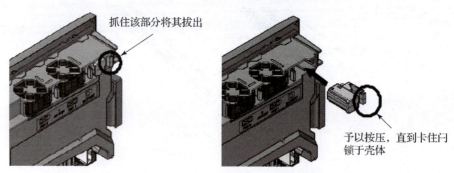

图 6-3-1　控制单元内电池更换示意

2. 外设电池盒，使用碱性干电池（一号电池）的更换方法（图 6-3-2）

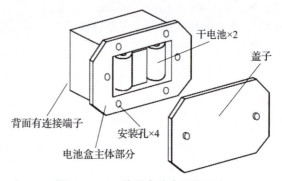

图 6-3-2　外设电池盒更换示意

(1) 接通控制单元的电源。

(2) 取下电池盒的盖子。

(3) 更换电池，要注意电池的极性。

(4) 安装电池盒的盖子。

（二）伺服单元电池更换

当伺服电动机绝对脉冲编码器电池处于低电压状态时，在数控装置显示器画面上会闪烁显示警告信息"APC"和发生 DS307（电池电压降低报警），此时需要及时对电池进行更换，否则会造成机床零点丢失。如果没有及时更换伺服电动机绝对脉冲编码器电池，数控装置将发生 DS300（回零请求报警），需要进行回零操作，所以，在日常的维修工作中需要定期检测维护，当发现电池电压低时，需及时更换。建议用户每年定期更换一次电池。

伺服单元中安放的电池用于给伺服电动机绝对脉冲编码器供电，保证编码器的正常工作以及各轴电动机机械位置坐标的存储。它主要安装在伺服单元上，有两种安装方式：一种是从单个电池向多个伺服单元供应电池电源，电池的规格号是 A06B - 6050 - K061；另一种是直接将内置电池装在各个伺服单元上，电池的规格号是 A06B - 6114 - K504，如图 6 - 3 - 3 所示。

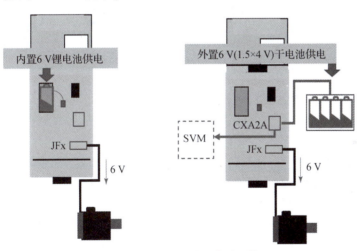

图 6 - 3 - 3　伺服单元电池更换

1. 内置电池更换方法（图 6 - 3 - 4）

步骤 1：数控机床上电，确认系统界面电池没电报警，确认已经接通伺服放大器的电源。

步骤 2：确认机械已处在紧急停止状态（电动机处在非励磁状态）。

步骤 3：确认用于伺服单元的 DC 链路充电的 LED 指示灯已经熄灭。

步骤 4：取下旧电池，安装上相同规格型号的新电池和电池盒。

步骤 5：按下 RESET 复位键，确认电池报警消除。

2. 分离式电池更换方法（图 6 - 3 - 5）

步骤 1：拧松电池盒的螺丝，拆下盖子。

步骤2：拆下电池盒内的旧电池，安装新的4节干电池（注意极性）。

步骤3：安装电池盒的盖子。

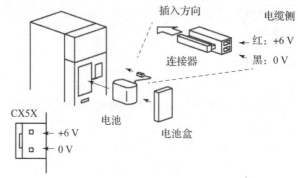

图6-3-4　内置电池更换示意图

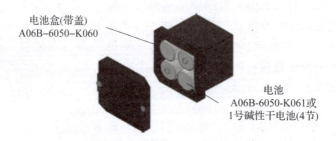

图6-3-5　分离式电池更换示意图

二、电器柜及电气元件的维护与保养

（一）电气柜设计原则

（1）数控机床电气柜设计时，应使整个电气控制系统集中、紧凑，同时，在空间允许的条件下，把发热元件、噪声振动大的电气部件尽量放在离其他元件较远的地方或隔离起来。

（2）对于多工位的大型设备，会考虑到两地操作的方便性。

（3）电气控制柜的总电源开关、紧急停止控制开关应安放在方便而明显的位置。

总体配置设计得合理与否关系到电气控制系统的制造、装配质量，更将影响到电气控制系统性能的实现及其工作的可靠性，以及操作、调试、维护等工作的方便性及质量。

（二）电器柜日常使用注意事项

（1）应尽量少开数控柜和强电柜的门。

（2）夏天为了使数控系统能超负荷长期工作，采取打开数控柜的门来散热，其最终将导致数控系统的加速损坏。正确的方法是降低数控系统的外部环境温度，除非进行必要的调整和维修，否则，不允许随意开启数控柜和强电柜的门。

（3）一些已受外部尘埃、油雾污染的电路板和接插件，可采用专用电子清洁剂喷洗。

注意：自然干燥的喷液台在非接触表面形成绝缘层，使其绝缘良好。

（4）定时清扫数控柜的散热通风系统，每天检查数控柜上的风扇工作是否正常。

（5）半年或每季度检查一次风道过滤器是否有堵塞现象。

（三）电气元件的检测

数控设备常用电气元件有接触器、中间继电器、时间继电器、低压断路器等，为保障设备的正常运行，电气元件需定期进行检测及更换。